ENSAYOS SOBRE LITERATURA LATINOAMERICANA

University of California Press
Berkeley and Los Angeles, California

Fondo de Cultura Economica, Mexico

Cambridge University Press,
London, England

ENSAYOS
sobre
LITERATURA LATINOAMERICANA

por

A. TORRES-RIOSECO

UNIVERSITY OF CALIFORNIA PRESS
BERKELEY AND LOS ANGELES

I

TEATRO INDÍGENA DE MÉXICO

A. Noticias de los cronistas

Nota don Pedro Henríquez Ureña en un substancioso artículo acerca del teatro colonial en la América hispana que la época del descubrimiento y de la conquista de América ha sido ventajosamente estudiada, que se ha trazado ya su historia cultural, trabajo que se hizo posible por la brevedad de ese período y por su alto tono de epopeya:

> El descubrimiento y la conquista sí se tuvieron como dignos de la historia: conquistadores y conquistados, hombres de la primera hora y visitantes tardíos, todos se echaron a escribir narraciones para no dejar que se perdiera la memoria de tantas proezas como hicieron, vieron, oyeron o soñaron. Pero después las nuevas sociedades se pusieron a vivir en paz: la vida tranquila no la juzgaron digna de recordación. Sobre las actividades de cultura, pocos recogieron o escribieron apuntaciones.[1]

Verdad evidente si se considera la gran cantidad de material que existe —las cartas de relación, las crónicas, los viajes y la poesía épica— referente a los años iniciales de nuestra vida y más tarde la escasez, que se hace más notable en la producción literaria, aumentada hoy por la pérdida de muchas obras y por la indiferencia de nuestros investigadores y eruditos.

El teatro colonial hispanoamericano sigue, como toda la producción literaria del siglo XVI, las mismas formas del teatro español peninsular. Un teatro imitativo, apreciado sólo en su valor intrínseco, acaso no tuviera mayor trascendencia, pero además de su significación histórica y cultural este género adquiere en América nuevos aspectos, debido a ciertos elementos indígenas discernibles en él.

[1] Pedro Henríquez Ureña, *El Teatro de la América Española en la Época Colonial*, Instituto Nacional de Estudios de Teatro, Cuadernos de Cultura Teatral, Buenos Aires, 1936, Cuaderno 3.

El origen del teatro indígena mexicano se encuentra en los bailes mímicos a través de los cuales el hombre primitivo expresa su actitud espiritual ante las fuerzas misteriosas y terribles de su teogonía. La expresión se manifiesta en los movimientos, gestos, y en símbolos externos como máscaras, pieles de animales, plumas, y el baile adquiere a veces una forma elemental de representación operática en su combinación de danza, diálogo y música. Algunas de las pantomimas han sido recogidas de la tradición oral en nuestros días y constituyen los primeros monumentos de un arte primitivo. En México especialmente se trabaja por mantener esa tradición artística. Carlos Mérida nos dice[2] que cuando era Director de la Escuela de Danza de la Secretaría de Educación Pública de México organizó algunos ballets con temas puramente mexicanos, con leyendas aborígenes populares; uno de ellos fué el de *La Virgen y las Fieras*, basado en una leyenda otomí. He aquí el tema de la leyenda: La virgen sale de su cabaña y entra en la selva, atraída por los trinos de las aves y el encanto de las flores. Una vez en el centro de la selva se da cuenta de que ha perdido su camino. Al ser atacada por seres hostiles su situación es muy peligrosa. Demanda ayuda de los animales que la aman y aparecen leones, tigres, lobos, toros, venados y toda clase de animales que la protegen, ahuyentan a los espíritus malignos y la salvan. Se puede colegir el efecto impresionante de un ballet de esta clase y que, según Mérida, no es en manera alguna superior al del maravilloso baile *El Pascola*, o al de *Los Tlacololeros* o al de *Los Sonajeros*.

Estos bailes religiosos de los indios fueron aprovechados por los misioneros en sus fiestas, en especial en las procesiones. De ellos habla el Padre José de Acosta en su *Historia Natural y Moral de las Indias*[3]:

> En el Pirú llamaban estos bailes, comúnmente taqui; en otras provincias de indios se llamaban areytos; en México se dicen mitotes. En ninguna parte hubo tanta curiosidad de juegos y bailes como en la Nueva España, donde hoy día

---

[2] Carlos Mérida, *Pre-Hispanic Dance and Theatre*, "Theatre Arts Monthly", August, 1938.
[3] José de Acosta, *Historia Natural y Moral de las Indias*, Fondo de Cultura Económica, México, 1940, pp. 508-509.

se ven indios volteadores, que admiran, sobre una cuerda; otros sobre un palo alto derecho, puestos de pies, danzan y hacen mil mudanzas; otros con las plantas de los pies, y con los corvas, menean, y echan en alto, y revuelven un tronco pesadísimo, que no parece cosa creíble, si no es viéndolo; hacen otras mil pruebas de gran sutileza, en trepar, saltar, voltear, llevar grandísimo peso, sufrir golpes, que bastan a quebrantar hierro, de todo lo cual se ven pruebas harto donosas. Mas el ejercicio de recreación más tenido de los mexicanos, es el solemne mitote, que es un baile que tenían por tan autorizado, que entraban a veces en él los reyes, y no por fuerza como el Rey D. Pedro de Aragón con el Barbero de Valencia. Hacíase este baile o mitote, de ordinario, en los patios de los templos de las casas reales, que eran los más espaciosos. Ponían en medio del patio dos instrumentos: uno de hechura de atambor, y otro de forma de barril, hecho de una pieza, hueco por de dentro y puesto como sobre una figura de hombre o de animal, o de una columna. Estaban ambos templados de suerte que hacían entre sí buena consonancia. Hacían con ellos diversos sones, y eran muchos y varios los cantares; todos iban cantando y bailando al son, con tanto concierto, que no discrepaba el uno del otro, yendo todos a una, así en las voces como en el mover los pies con tal destreza, que era de ver. En estos bailes se hacían dos ruedas de gente: en medio, donde estaban los instrumentos se ponían los ancianos y señores y gente más grave, y allí cuasi a pie, quedo, bailaban y cantaban. Alrededor de éstos, bien desviados, salían de dos en dos los demás, bailando en coro con más ligereza, y haciendo diversas mudanzas y ciertos saltos a propósito, y entre sí venían a hacer una rueda muy ancha y espaciosa. Sacaban en estos bailes las ropas más preciosas que tenían, y diversas joyas, según que cada uno podía. Tenían en esto, gran punto, y así desde niños se enseñaban a este género de danzas. Aunque muchas de estas danzas se hacían en honra de sus ídolos, pero no era eso de su institución, sino como está dicho, un género de recreación y regocijo para el pueblo, y así no es bien quitárselas a los indios, sino procurar no se mezcle superstición alguna. En Tepotzotlán, que es un pueblo a siete leguas de México, vi hacer el baile o mitote que he dicho, en el patio de la iglesia, y me pareció bien ocupar y entretener los indios, días de fiestas, pues tienen necesidad de alguna recreación, y en aquella que es pública y sin perjuicio de nadie, hay menos inconveniente que en otras que podrían hacer a sus solas, si les quitasen éstas. Y generalmente es digno de admitir que lo que se pudiere dejar a los indios de sus costumbres y usos (no habiendo mezcla de sus errores antiguos), es bien dejallo, y conforme al consejo de San Gregorio Papa, procurar que sus fiestas y regocijos se encaminen al honor de Dios y de los santos cuyas fiestas celebran.[4]

Estas ceremonias mezclan los elementos religiosos a las costumbres de la gente pero puede observarse que los bailes y la pantomima son factores imprescindibles en estas ocasiones. El mismo Acosta nos refiere lo siguiente:

> Es la provincia de Tlaxcala, muy aparejada para caza, y la gente muy dada a ella, y así hacían gran fiesta. Pintan al ídolo de cierta forma, que no hay que gastar tiempo en referirla; mas la fiesta que le hacían es muy donosa. Y era así que al reír del alba, tocaban una bocina, con que se juntaban todos con sus arcos y flechas, redes y otros instrumentos de caza, e iban con su ídolo en procesión, y tras ellos grandísimo número de gente, a una sierra alta, donde en la cumbre de ella tenían puesta una ramada, y en medio un altar riquísimamente aderezado, donde ponían al ídolo. Yendo caminando con el gran ruido de bocinas, caracoles y flautas y tambores, llegados al puesto, cercaban toda la falda de aquella sierra, alrededor, y pegándole por todas partes fuego, salían muchos y muy diversos animales, venados, conejos, liebres, zorras, lobos, etc., los cuales iban hacia la cumbre, huyendo del fuego, y yendo los cazadores tras ellos, con grande grito y bocería, tocando diversos instrumentos, los llevaban hasta la cumbre delante del ídolo, donde venía a haber tanta apretura en la caza, que dando saltos, unos rodaban, otros daban sobre la gente, y otros sobre el altar, con que había grande regocijo y fiesta. Tomaban entonces grande número de caza, y a los venados y animales grandes sacrificaban delante del ídolo, sacándoles los corazones con la ceremonia que usaban en los sacrificios de los hombres, lo cual hecho, tomaban toda aquella caza

---

[4] Para los areytos véase también Gonzalo Fernández de Oviedo, *Historia General y Natural de las Indias*, Libro V, caps. 1 y 3; Libro XVI, cap. 16; Libro XVII, cap. 4.

a cuestas, y volvíanse con su ídolo por el mismo orden que fueron, y entraban en la ciudad con todas estas cosas muy regocijados con grande música de bocinas y atabales, hasta llegar al templo, adonde ponían su ídolo con muy gran reverencia y solemnidad. Íbanse luego todos a guisar las carnes de toda aquella caza, de que hacían un convite a todo el pueblo, y después de comer hacían sus representaciones y bailes delante del ídolo. Otros muchos dioses y diosas tenían con gran suma de ídolos; mas los principales eran en la nación mexicana, y en sus vecinas, los que están dichos.[5]

...Acabados pues, los sacrificios, salían luego todos los mancebos y mozos del templo, aderezados como está dicho; puestos en orden y en hileras los unos en frente de los otros, bailaban y cantaban al son de un tambor que les tañían, en loor de la sclemnidad y del ídolo que celebraban, a cuyo canto todos los señores y viejos, y gente principal, respondían bailando en el circuito de ellos, haciendo un hermoso corro como lo tienen de costumbre, estando siempre los mozos y las mozas en medio, a cuyo espectáculo venía toda la ciudad.[6]

Desde los primeros días de la conquista usaron los misioneros a los indios como actores y los dramas y pantomimas se hicieron generales a través de todo México. Siguiendo también la costumbre española de representar autos el día de Corpus Christi, muy común en el siglo xv, las representaciones religiosas mexicanas se verificaban ese día. Con la ayuda de los colegiales indios del colegio de Tlatelolco, los padres vieron dentro de poco tiempo que los nativos preferían los ingenuos autos y los bailes a los ritos sangrientos de sus religiones.

Las procesiones de Corpus dan origen a una gran cantidad de representaciones en español y náhuatl. Los indios hicieron suyas estas ceremonias con tanto entusiasmo y con tan poco conocimiento de los propósitos religiosos que ellas entrañaban que fué necesario prohibir la participación de los naturales en trajes de mujer o en máscaras. A este respecto dice Fray Juan de Zumárraga:

[5] Acosta, *op. cit.*, pp. 372-373.
[6] *Op. cit.*, p. 415.

> Cosa de gran desacato y desvergüenza parece que ante el santísimo sacramento vayan los hombres con máscaras y en hábitos de mujeres, danzando y saltando con meneos deshonestos y lascivos, haciendo estruendos, estorbando los santos de la Iglesia, representando profanos triunfos, como el dios del amor, tan deshonesto, y aun a las personas no honestas tan vergonzoso de mirar, y que estas cosas se manden hacer no a pequeña costa de los naturales y vecinos oficiales y pobres, compeliéndolos a pagar para la fiesta. Los que lo hacen, y los que lo mandan, y aun los que lo consienten, que podrían evitar y no lo evitan, a otro que Fray Juan Zumárraga busquen que los excuse.[7]

Las representaciones se hacían en el interior de los templos y luego con las procesiones salían a las plazas y calles. Primero se hacían los mitotes, después la procesión y por fin se representaban al aire libre obras religiosas. Las primeras representaciones de esta clase de que tenemos noticias tuvieron lugar en Tlaxcala en el año de 1538 con motivo de la celebración de la fiesta de Corpus. Según Motolinía[8] hubo danzas en la procesión del sacramento; a la semana siguiente (24 de junio) hubo procesión y se representaron cuatro autos en cuatro tablados diferentes. Estos autos fueron: la Anunciación del nacimiento de San Juan Bautista a Zacarías; la Anunciación del arcángel Gabriel a la Virgen; la Visitación de Nuestra Señora a Santa Isabel; y la Natividad de San Juan.

Los indios tenían ya su teatro antes de la conquista. Cortés da algunos datos al respecto en una de sus cartas. Acosta, en la obra ya citada, nos da la siguiente descripción:

> Este templo [el de Quetzalcóatl en Cholula] tenía un patio mediano, donde el día de su fiesta se hacían grandes bailes y regocijos, y muy graciosos entremeses, para lo cual había en medio de este patio un pequeño teatro de a treinta pies en cuadro, curiosamente encalado, el cual enramaban y aderezaban para aquel día con toda la pulicia posible, cercándolo todo de arcos hechos de diversidad de flores y plumería, colgando a trechos muchos pájaros, conejos y otras cosas apacibles, donde después de haber comido se juntaba toda

---

[7] Cit. por Icazbalceta, *Introducción a los Coloquios de Eslava*, pp. 27, 28.

[8] V. Motolinía, *Historia de los Indios de la Nueva España*, Trat. I, cap. 15; y Torquemada, *Monarquía Indiana*, Libro XVII, cap. 9.

la gente. Salían los representantes y hacían entremeses, haciéndose sordos, arromadizados, cojos, ciegos y mancos, viniendo a pedir sanidad al ídolo; los sordos respondiendo adefesios, y los arromadizados, tosiendo; los cojos, cojeando, decían sus miserias y quejas, con que hacían reír grandemente al pueblo. Otros salían en nombre de las sabandijas, unos vestidos como escarabajos y otros como sapos, y otros como lagartijas, etc., y encontrándose allí, referían sus oficios, y volviendo cada uno por si tocaban algunas flautillas de que gustaban sumamente los oyentes, porque eran muy ingeniosas, fingían asimismo muchas mariposas y pájaros de muy diversos colores, sacando vestidos a los muchachos del templo en estas formas, los cuales subiéndose en una arboleda que allí plantaban, los sacerdotes del templo los tiraban con cerbatanas, donde había en defensa de los unos y ofensa de los otros, graciosos dichos, con que entretenían los circunstantes. Lo cual concluído, hacían un mitote o baile con todos estos personajes, y se concluía la fiesta, y esto acostumbraban hacer en las más principales fiestas.[9]

Fernando de Alva dice que

...en el alcázar y palacios de Netzahualcóyotl había un patio donde se hacían las danzas y algunas representaciones de gusto y entretenimientos.[10]

Fray Diego de Landa en su *Relación de las cosas de Yucatán*[11] asegura que entre los mayas y los quichés había representaciones y que los mayas "tenían recreaciones muy donosas y principalmente farsantes, que representan con mucho donaire".

Antonio de Herrera en su *Historia General de los Hechos de los Castellanos*[12] nos describe la fiesta hecha al dios de los mercaderes en la cual sacrificaban un esclavo a Quetzalcóatl y al día siguiente "en amaneciendo, dando los buenos días al ídolo, hacían su banquete los mercaderes (con la carne del

---

[9] Acosta, *op. cit.*, p. 443.
[10] *Obras Históricas de don Fernando de Alva Ixtlixóchitl*, México, 1892, Tomo II, *Historia Chichimeca*, p. 211.
[11] Fray Diego de Landa, *Relación de las cosas de Yucatán*, México, 1938, p. 109.
[12] Antonio de Herrera, *Historia General de los Hechos de los Castellanos*, Madrid, 1726, Vol. II, folio 13.

esclavo) y después iban al templo y en el patio se hacían muy graciosos entremeses, grandes bailes y regocijos, saliendo vestidos y disfrazados con diversos trajes de pájaros, mariposas, ranas, escarabajos, y otras sabandijas; y como cojos, mancos y estropeados, diciendo sus desgracias donosamente de manera que hacían reír y la fiesta se acababa con bailes."

Y Motolinía en *Memoriales*[13] nos da pintorescos detalles sobre la manera como preparaban los indios sus bailes, sobre todo los que se hacían en honor del demonio:

> Cuando habían de bailar, en especial día del demonio, tiznábanse de mil maneras, y para esto, el día por la mañana que había baile, luego venían pintores o pintoras al tienguez o mercado con muchos colores y pinceles, pintaban los rostros y piernas y brazos a los que habían de bailar en la fiesta, de la manera que ellos querían y la solemnidad lo demandaba, y ansí dibujados y pintados, íbanse a vestir diversas divisas, y algunas tan feas, que parecían demonios, y ansí servían al demonio con estas y otras mil maneras de servicios y sacrificios, y de la misma manera se pintaban para salir a la guerra.
>
> ...Antes de la fiesta, cuatro o cinco días, aderezaban todos los templos y salas de sus dioses, y encalaban lo desollado de ellos, y el tercero día antes, pintábanse los achcauhtin unos de negro, y otros de blanco, y otros colorado, o azul, o verde, etc., y luego a las espaldas de la casa o templo principal del demonio bailaban un día entero.

B. Los misioneros y el teatro en lengua náhuatl

Digno de todo elogio es el trabajo de los misioneros en el nuevo mundo y la violencia de la conquista parece suavizarse con el noble afán de estas vidas ejemplares. Pero aquí sólo cabe el comentario de sus esfuerzos para obtener que los naturales continuaran expresando en sus danzas rituales su emoción religiosa y adquirieran en sus escuelas una forma más alta de expresión cultural. Los franciscanos establecieron, en el año de 1536, contiguo a su convento, el Colegio de Santa Cruz de

---

[13] *Memoriales de Fray Toribio de Motolinía*, México, París, Madrid, 1903, pp. 72 y 77.

Tlatelolco,[14] para la educación de los naturales. En este colegio el gran educador y misionero Fray Pedro de Gante enseñaba música y canto a los niños indígenas. Como veremos más adelante, uno de los maestros del Colegio de Santa Cruz fué el indio Agustín de la Fuente, impresor, copista y traductor y hasta autor de comedias.

Los misioneros aprovecharon entonces en sus fiestas religiosas varios elementos indígenas tales como el idioma, los grandes escenarios al aire libre, con arcos de flores, plantas, árboles, animales vivos, plumería, la habilidad de los indios para imitar defectos y enfermedades y la facilidad para imitar las voces de los animales, y de este modo las procesiones de Corpus Christi adquieren en México un aspecto extraño y por demás pintoresco. Hay noticias de que ya en 1526 se celebraba esta fiesta en México,[15] pero es probable que tuviera lugar desde los primeros años de la conquista. Según datos recogidos por García Icazbalceta, el 24 de mayo de 1529 se decidió el orden en que habían de ir los oficios llevando las imágenes de sus santos patronos. Por acta del 10 de junio de 1533 se establece que

> ...por cuanto es necesario haya orden en cómo han de ir los oficios e oficiales que los sacan, en la fiesta de Corpus Christi, porque de no la haber ha habido diferencia entre los dichos oficiales los años pasados, mandaron que la orden que en lo susodicho se ha de tener sea, que después de los oficios e juegos de los indios, vayan delante los primeros en la dicha procesión los hortelanos, y tras ellos los jigantes, y tras los jigantes los zapateros, y tras los zapateros los herreros y caldereros, y tras éstos los carpinteros, y tras los carpinteros los barberos, y tras los barberos los plateros, y tras los plateros los sastres, y tras los sastres los armeros; y mandaron que los oficiales de los dichos oficios vayan con los dichos oficios en procesión, en los lugares dichos, e que los dos oficios vengan e se pongan el dicho día, luego de mañana, en la plaza mayor, y entren en la iglesia por la puerta que está a la dicha plaza, y hecho su acatamiento

---

[14] Robert Ricard, "Le Collège indigène de Santiago Tlatelolco"; en *Études et Documents pour l'Histoire Missionnaire de l'Espagne et du Portugal*, Louvain, 1930, pp. 155-160.
[15] V. García Icazbalceta, *Obras*, Vol. II, p. 343.

al Santo Sacramento, salgan de la dicha iglesia por la puerta que está hacia el corral de los toros y vayan en la dicha procesión en la orden dicha.

José Rojas Garcidueñas dice en su *Autos y Coloquios del Siglo XVI* (México, 1939): "La primera pieza de teatro religioso en Nueva España, cuya noticia ha llegado a nosotros, fué 'una representación del fin del mundo', en Santiago Tlatelolco, el año de 1533. Probablemente se trata del mismo *Auto del Juicio Final,* que se representó en lengua mexicana, pocos años después en la Capilla de San José de los Naturales asistiendo el Illmo. señor obispo don fray Juan de Zumárraga y el señor virrey don Antonio de Mendoza" (pp. xii-xiii).

Hemos mencionado que el 24 de junio de 1538 se representaron en Tlaxcala los más antiguos autos. Motolinía, que era por entonces guardián del convento de Tlaxcala, describe así la representación:

Llegado este santo día del Corpus Christi del año de 1538, hicieron aquí los tlaxcaltecas una tan solemne fiesta que merece ser nombrada, porque creo que, si en ella se hallaran el Papa y Emperador con sus cortes, holgaran mucho de verla; y puesto que no había ricas joyas ni brocados, había otros aderezos tan de ver, en especial flores y rosas que Dios cría en los árboles y en el campo, que había bien en qué poner los ojos y notar cómo una gente que hasta ahora era tenida por bestial supiesen hacer tal cosa.

Iba en la procesión el Santísimo Sacramento, y muchas cruces y andas con sus santos; las mangas de las cruces y los aderezos de las andas hechas todas de oro y plumas y en ellas imágenes de la misma obra de oro y pluma, que las bien labradas se preciarían en España más que de brocado. Había muchas banderas de santos. Había doce apóstoles vestidos con sus insignias. Muchos de los que acompañaban la procesión llevaban velas encendidas en las manos. Todo el camino estaba cubierto de juncia, y de espadañas y flores, y de nuevo había quien siempre iba echando rosas y clavellinas, y hubo muchas maneras de danzas que regocijaban la procesión. Había en el camino sus capillas con sus altares y retablos bien aderezados para descansar, adonde salían de nuevo muchos cantores cantando y bailando delante del Santísimo Sacramento. Estaban diez arcos triunfales grandes, muy gentilmente compuestos; y lo que era más de ver y para notar era, que tenían toda la calle a la larga hecha en tres partes como naves de iglesias: en la parte de enmedio había veinte pies de ancho; por ésta iba el Santísimo Sacramento, y ministros y cruces, con todo el aparato de la procesión, y por las otras dos de los lados, que eran de cada quince pies, iba toda la gente, que en esta ciudad y provincia no hay poca; y este apartamiento era todo hecho de unos arcos medianos, que tenían de hueco a nueve pies; y de estos había por cuenta mil y sesenta y ocho arcos, que como cosa notable y de admiración lo contaron tres españoles y otros muchos. Estaban todos cubiertos de rosas y flores de diversas colores y maneras: apodaban que tenía cada arco carga y media de rosas (entiéndese carga de indios) y con las que había en las capillas y las que tenían los arcos triunfales, con otros sesenta y seis arcos pequeños, y las que la gente sobre sí y en las manos llevaban, se apodaran en dos mil cargas de rosas; y cerca de la quinta parte parecía ser de clavellinas de Castilla, y hanse multiplicado en tanta manera, que es cosa encreíble: las matas son muy mayores que en España, y todo el año tienen flores.

Una cosa muy de ver tenían. En cuatro esquinas o vueltas que se hacían en el camino, en cada una su montaña, y de cada una salía su peñón bien alto; y desde abajo estaba hecho como prado, con matas de yerba, y flores, y todo lo demás que hay en un campo fresco; y la montaña y el peñón tan al natural como si allí hubiese nacido. Era cosa maravillosa de ver, porque había muchos árboles, unos silvestres, y otros de frutas, otros de flores, y las setas y hongos y vello que nace en los árboles de montaña y en las peñas, hasta los árboles viejos quebrados: a una parte como monte espeso, y a otra más ralo; y en los árboles muchas aves chicas y grandes; había halcones, cuervos, lechuzas; y en los mismos montes mucha caza de venados y liebres y conejos y adives, y muy muchas culebras, éstas atadas, y sacados los colmillos o dientes, porque las más de ellas eran de género de víboras, tan largas como una braza, y tan gruesas como el brazo de un hombre por la muñeca. Y porque no faltase nada para contrahacer a todo lo natural, estaban en las montañas unos cazadores muy encubiertos, con sus arcos y flechas, que comúnmente los que usan este oficio son de otra lengua, y como habitan hacia los montes son grandes cazadores. Para ver estos cazadores había menester aguzar la vista: tan disimulados estaban, y tan llenos de rama y de vello de árboles, que a los así encubiertos fácilmente se les vendría la caza hasta los pies; estaban haciendo mil ademanes antes que tirasen, con que hacían picar a los descuidados. Este día fué el primero que estos tlaxcaltecas sacaron su escudo de armas que el Emperador les dió cuando a este pueblo hizo ciudad; la cual merced aún no se ha hecho con ningún otro de indios sino con éste, que lo merece bien, porque ayudaron mucho, cuando se ganó toda la tierra, a don Hernando Cortés por Su Majestad. Tenían dos banderas de éstas, y las armas del Emperador en medio, levantadas en una vara tan alta, que yo me maravillé adónde pudieron haber palo tan largo y tan delgado: estas banderas tenían puestas encima del terrado de las casas de su ayuntamiento, por que pareciesen más altas. Iba en la procesión capilla de canto de órgano, de muchos cantores, y su música de flautas, que concertaban con los cantores, trompetas y atabales, campanas chicas y grandes, y esto todo sonó junto, a la entrada y salida de la iglesia, que parecía que se venía el cielo abajo.[16]

En este mismo año de 1538 y en la fiesta de San Juan se representaron cuatro autos en los cuales también se mezclan elementos indígenas. Estos autos fueron: *Anunciación de la natividad de San Juan Bautista; Anunciación de Nuestra Señora; Visitación de la santísima Virgen a Santa Isabel; Natividad de San Juan Bautista.* Estos autos se representaron en diferentes cadalsos o tablados. En el auto del nacimiento del Bautista, Zacarías es mudo y esto da origen a muchos episodios cómicos de malentendidos, como acostumbraban a hacer los indios en sus bailes y representaciones. Los parientes de Zacarías habían llevado comida y al fin todos se pusieron a comer. También dieron en Tlaxcala en esta misma ocasión un auto en mexicano titulado *La caída de Nuestros Primeros Padres*, o sea, auto de Adán y Eva.

Prepararon para esto un cadalso muy bello que representaba el Paraíso terrenal. Había allí muchos árboles, con frutas y flores, unas naturales y otras artificiales, de pluma y oro. Había en los árboles muchos pajaritos, buhos, y

[16] Motolinía, *op. cit.*, Tratado I, cap. 15.

otras aves de rapiña. Los papagayos hacían tanto ruido que estorbaban la representación. Había también conejos y liebres y muchos otros animales, entre ellos dos ocelotes atados "que no son bien gato ni bien onza" pero muy bravos. Como todo esto sucedía antes del pecado original al acercarse Eva a un ocelote, éste se desvía, de bien criado.[17]

Dice también Motolinía que había unos muchachos metidos en pieles de animales y que por andar éstos domésticos, Adán y Eva jugaban con ellos.

Había cuatro ríos que salían del Paraíso con rótulos que decían: Fisón, Geón, Tigris, Eufrates. En medio del Paraíso estaba el árbol de la Vida y muy cerca el árbol de la Ciencia del Bien y del Mal. Estaban en el redondo del Paraíso tres peñoles grandes y una sierra grande; todo esto lleno de cuanto se puede hallar en una sierra muy fuerte y fresca montaña. Había en estos peñoles animales naturales y contrahechos. En uno de los contrahechos estaba un muchacho vestido como león, y estaba desgarrando y comiendo un venado que tenía muerto: el venado era verdadero, y estaba en un risco que se hacía entre unas peñas, y fué cosa muy notada.[18]

C. Conquistas y autos sacramentales

Hubo también en México por estos años representaciones al aire libre en que tomaban parte una multitud de actores y en estas representaciones se aprovecharon los misioneros de elementos indígenas. En nuestros días su equivalente sería el famoso *Auto de la Pasión* de Oberammergau, el teatro *en masse*. En 1539, en celebración de la paz entre Carlos V y Francisco I, los elementos españoles de la ciudad de México representaron la *Conquista de la Isla de Rodas*. Bernal Díaz del Castillo[19] nos da los siguientes detalles acerca de tan señalada fiesta:

[17] *Misterios de Adán y Eva*, publicado por H. Corbató.
[18] Motolinía, *op. cit.*, Libro XVII, cap. 9. Las Casas lo repite también en su *Apologética Historia Sumaria de las Indias*, Cap. LXIII, p. 162.
[19] Bernal Díaz del Castillo, *La Verdadera y Notable Relación del Descubrimiento y Conquista de la Nueva España y Guatemala*, tomo II, Guatemala, 1934, p. 252.

...amaneció otro día en mitad de la misma plaza mayor hecha la ciudad de Rodas con sus torres e almenas y troneras y cubos, y cabas y alrededor cercada, y tan al natural como es Rodas, y con cient comendadores con sus ricas encomiendas todas de oro y perlas, muchos dellos a caballo a la jineta, con sus lanzas y adargas, y otros a la estradiota, para romper lanzas y otros a pie con sus arcabuces, y por gran capitán general dellos y gran maestro de Rodas era el marqués Cortes, y traían cuatro navíos con sus masteles y trinquetes y mesanas y velas, y tan al natural, que se enlevaban dello algunas personas de los ver ir a la vela por mitad de la plaza, y dar tres vueltas, y soltar tanta de la artillería que de los navíos tiraban; y venían allí unos indios al bordo vestidos al parecer como frailes dominicos, que es como cuando vienen de Castilla, pelando unas gallinas, y otros frailes venían pescando. Dejemos los navíos y su artillería y trompetería, y quiero decir como estaban en una emboscada metidos dos capitanes de turcos muy al natural a la turquesa, con riquísimos vestidos de seda o de carmesí y grana con mucho oro y ricas caperuzas, como ellos los traen en su tierra, y todos a caballo, y estaban en celada para hacer un salto y llevar ciertos pastores con sus ganados que pacían cabe una fuente, y el un pastor de los que los guardaban se huyó y dió aviso al gran maestro de Rodas. Ya que llevaban los turcos los ganados y pastores, salen los comendadores y tienen una batalla entre los unos y los otros, que les quitaron la presa del ganado; y vienen otros escuadrones de turcos por otra parte sobre Rodas, y tienen otras batallas con los comendadores, y prendieron muchos de los turcos; y sobre esto, luego sueltan toros bravos para los despartir.

Siguiendo el ejemplo de los españoles de la ciudad de México, los indios representaron el día de Corpus (5 de junio) del mismo año (1539), y en la misma ciudad de Tlaxcala, *La Conquista de Jerusalén por Carlos Quinto*, en un escenario de extraordinarias dimensiones y al aire libre. En el escenario había cinco torres unidas por almenas. Miles de personas tomaron parte en esta gran alegoría y hacían unos de turcos, otros de cristianos. Los capitanes de los ejércitos infieles eran Cortés y Alvarado; el del ejército cristiano de América era el virrey Mendoza. Con la ayuda de San Miguel que predica a los musulmanes, los cristianos ganan la batalla final y la representación termina con el bautizo de gran número de actores indígenas. Esta fiesta se hizo con mucho brillo, y con gran orgullo tanto de los indios como de los misioneros. Así describe García Icazbalceta el lugar de la escena:

> La primera parte de la fiesta, aunque pasó delante del Santísimo Sacramento, que estaba puesto en un tablado o cadalso, y acompañado del Papa, cardenales y obispos fingidos, no fué propiamente un auto, sino un simulacro de la deseada y no verificada Conquista de Jerusalén, por el Emperador Carlos Quinto. Al efecto aprovecharon los indios unos edificios comenzados a levantar en una llanura inmediata a Tlaxcala, y destinados para nueva casa de cabildo. Hincheron de tierra la parte ya labrada, que tenía de altura un estado, y sobre ese terraplén levantaron cinco torres: la más alta en el centro, y las otras en los ángulos. Enlazaba las torres una cerca laminada, y toda la fábrica estaba muy adornada de flores. Aquella especie de castillo representaba la ciudad de Jerusalén. Enfrente, a la parte oriental, se hallaba aposentado el Emperador; a la derecha de Jerusalén quedaba el real del ejército español: al otro lado el de las tropas de Nueva España. Enmedio de la plaza estaba Santa Fe, nombre que traía luego a la memoria la conquista de Granada por los Reyes Católicos, y allí había de situarse el Emperador con su ejército. Todos estos lugares estaban cercados a imitación de fortalezas.[20]

Estas conquistas daban a las ceremonias el aspecto épico pero luego los misioneros agregaban el elemento estrictamente religioso y así continuando esta misma procesión se representaron tres autos en distintos escenarios. El primero versaba sobre la *Tentación del Señor*, y en él Lucifer fué humillado y vencido; el segundo se refería a *San Francisco predicando a las aves*. En este auto se usa un gran número de aves que se acercan al santo; luego se acerca el lobo; después aparecen un borracho y algunas hechiceras a molestar al santo y un diablo que los mete a todos en el infierno, y por fin, con muchos llantos y gritos ponen fuego a la casa del infierno. El tercer auto trata el antiguo tema del *Sacrificio de Isaac*.

[20] *Op. cit.*, pp. 326, 327.

Estas representaciones que se hacían en los templos requerían más espacio que el que permitían las primitivas iglesias mexicanas, y por esto hubo necesidad de hacer grandes templos abiertos en la parte del frente, y ya una vez al aire libre, se hacían en retablos o cadalsos. Para este efecto Fray Pedro de Gante dirigió la construcción de un templo enorme, la capilla de San José, que llamaron en su tiempo la Catedral de los Indios.

El auto sacramental es una obra dramática en un acto que está basada en el misterio de la eucaristía y se representa el día de Corpus Christi. El auto sacramental es una representación simbólica cuyos caracteres son entidades abstractas tales como Razón, Fe, Misericordia divina, Libre albedrío, Entendimiento, etc. Es un instrumento muy adecuado de expresión teológica y como tal fué abundantemente cultivado en México. Fué un género muy popular en España a fines del siglo XVI y se continúa en el XVII llegando a su apogeo en las obras de Calderón. Estos autos se representaban en carros que salían durante las procesiones de Corpus a través de la ciudad y se detenían para la representación en lugares señalados de antemano. Delante de los carros iban las figuras grotescas de los gigantes moros o negros y de la Tarasca, "medio sierpe y medio dama", según el decir de Quiñones de Benavente. El auto sacramental iba acompañado de bailes y desde los tiempos de Lope lleva una loa y un entremés. El Sacramento de la Eucaristía, que es su tema, nunca se representaba en la escena sino que se menciona en la primera parte del auto y después por medio de alegorías bíblicas, historias, y parábolas se desarrolla el simbolismo. Como era muy difícil mantener el tema eucarístico puro, se mezclan al auto sacramental motivos históricos y profanos y se llegó hasta a hacer la parodia de las comedias profanas a lo divino.

El carácter catequista de la obra de los misioneros hizo que el auto no se desarrollara en América en su pureza primitiva. Pierden así su carácter sacramental y, mezclados con los bailes nativos y los mitotes, se transforman. Es muy probable que Motolinía adaptara y tradujera algunos autos de los que se representaban en España. Fray Luis de Fuenzalida compuso sus *Coloquios entre la Virgen y el Arcángel Gabriel* que fueron representados en idioma náhuatl. Fray Andrés de Olmos compuso en la primera mitad del siglo XVI un famoso auto *Del Juicio Final*. Torquemada en su *Monarquía Indiana*[21] habla de Fray Francisco de Gamboa, noble español que fué a México y que

> profesó como fraile franciscano en México habiendo aprendido la lengua mexicana para poder administrar a los Indios de quienes fué doctrinero en la capilla de San José de los Naturales y como era muy devoto, instituyó la Processión de la Soledad en la Capilla de S. Joseph la primera vez que fué Vicario de ella que es una de las cosas más solemnes del mundo, como en su lugar diximos, la segunda que bolvió al mismo puesto, ordenó la Estación de los Viernes a los Naturales, haciendo la *Representacion de un Paso de la Pasion de Xristo, N. S. en el discurso del Sermon que se predica*. Y en su tiempo se instituieron unas *Representaciones de Exemplos*, a manera de comedias, los Domingos en las tardes, después de haver habido Sermón; a los quales dos actos, de viernes, y Domingo, es sin número la gente que se junta así de Indios como de Españoles, y de todas estas tres cosas referidas me cabe parte, porque Io fuí el primero que prediqué y exorté el asiento de la dicha Cofradía de la Soledad y introduxe las Representaciones de los exemplos los Domingos, y hice en la lengua mexicana estas dichas Comedias o Representaciones, que fueron de mucho fruto a estas gentes, y aora lo son; porque desde entonces ia se acostumbran, por algunos Ministros, en muchas partes, o haciéndolas ellos de nuevo o aprovechándose de las muchas que Io tengo hechas y otras que el P. Fray Juan Bautista, mi lector en Teología, luz de esta Sancta Provincia, y de toda la Nueva España hiço de mucha elegancia y erudición; y también fuí el primero que en el dicho lugar prediqué los sermones de los Viernes en Compañía de este devoto religioso [Gamboa] de que sean dadas muchas gracias a Dios, a quien se debe toda alabanza y gloria, no atribuiéndome en estas dos cosas más del trabajo que en compañía de este celoso padre tuve, y aplicándole a él el fervor con que solicitó todas estas cosas... Murió [Gamboa] el Día de la Magdalena, que es a 22 de Julio, a las siete de la mañana año de 1604...

---

[21] Ed. de Madrid, 1723, Vol. III, pp. 580-583.

> Fué muy curioso ministro y él fué el primero que enseñó la música de Cornetas, en la Capilla de San Joseph, y en otras partes, y chirimies, y vihuelas de arco; lo mismo hiço en Santiago Tlaltelolco donde fué Guardián, y allí instituió la Estación de los Pasos de los Viernes, como en la dicha Capilla de San Joseph. Siendo Guardián de esta dicha casa y trabajando en derribar la Iglesia, por estar mui arruinada y caída parte de la Capilla Maior le dió la enfermedad de la muerte... Lleváronlo a la Enfermería de San Francisco donde a los breves días murió... Al llevarlo a la Sepultura que fué la misma del V. P. Fray Domingo de Areicaga como en su vida decimos, fueron los gritos y clamores [de los indios] tantos y tan recios, que apenas se oía el Canto de su Oficio...

Vetancourt en su *Menologio Franciscano*[22] no menciona las comedias de que habla Torquemada y atribuye estas representaciones que se hacían después de los sermones dominicales a Fray Juan Bautista. Estos autos o ejemplos se llamaban en aquel tiempo Neixcuitilli. He aquí lo que dice Vetancourt de Gamboa:

> Fué muy devota de la Passion de Christo que a la segunda vez que volvió a la capilla [San José] instituyó la Procession del Passo los viernes de Cuaresma precediendo el sermón, como hasta oy se haze con mucha gente que acude con devoción; instituyó la Cofradía y Procession de la Soledad de Nuestra Señora, que oy permanece con aprovechamiento de sus Cofrades, y como era tan fervoroso, y amigo de la Religion Christiana en su tiempo se instituyeron las *representaciones de exemplos* que llaman *Neixcuitilli* al modo de comedias los Domingos de Quaresma sobre tarde, y han sido de tanta devocion, que acude numeroso concurso, y si se estorvara a la gente vulgar, como negros, mulatos y mestizos, que no acudieran (como lo hize con una excomunión que se sacó por el perjuyzio que se hazía) fueran de mas devoción, si bien en la representación de la Passión de el Domingo de Ramos, es grande el concurso, mucha la devoción, y con el acto de contrición el fruto mayor; el primero que predicó los Viernes fué el R. Padre Torquemada, las representaciones fueron del Docto P. Fray

---

[22] *Teatro Mexicano*, Vol. IV, México, 1871, p. 4.

Iuan Bautista, de que se debe dar a Dios Nuestro Señor la gloria, y a este Siervo de Dios alabanza de que ha quedado eterna la memoria.

Hubo también misioneros que tradujeron y adaptaron dramas alegóricos en otras lenguas mexicanas, como la mixteca, chocha, zapoteca y tarasca. Para comprender el fervor y entusiasmo de estos santos varones baste decir que Bartolomé de Alba por 1641 tradujo al idioma náhuatl dos dramas de Lope de Vega: *La Madre de la Mejor* y el *Animal Profeta* y el auto sacramental de Calderón, *El Gran Teatro del Mundo*, atribuído por entonces también a Lope.

Los autores de estas piezas religiosas dan a veces más importancia a la propaganda catequista que al tema bíblico y por eso abundan los largos y soporíferos sermones; las supersticiones de origen indio, el temor propio de estos pueblos primitivos, la pompa verbal que les era típica y hasta los recuerdos de sus ritos bárbaros.

II

TRES DRAMATURGOS MEXICANOS DEL PERÍODO COLONIAL (ESLAVA, ALARCÓN, SOR JUANA)

A. Fernán González de Eslava

Al estudiar la obra de Fernán González de Eslava se siente el placer de los descubrimientos. Los nombres de Alarcón y de Sor Juana han figurado ya en las historias literarias y en las antologías y llegan a nosotros a través de comentarios repetidos y de lecturas fragmentarias; pero el de González de Eslava está fresco aún, como una planta a la cual no han llegado las manos profanas. Hay cierto misterio en este nombre, porque pasó muchos años anónimo, y porque cuando salió a luz fué sólo un nombre, dada la dificultad con que se podían obtener sus obras.

González de Eslava vivió en México en la segunda mitad del siglo XVI, época todavía heroica y turbulenta que empezaba a brillar con las primeras luces de la cultura. Fray Bernardino de Sahagún daba lecciones de latín a los indios nobles en el colegio de Santa Cruz de Tlatelolco; el gran humanista Cervantes de Salazar era cronista de la ciudad de México; Fray Jerónimo de Mendieta corría por todo el país convirtiendo a los infieles; el madrigal de Gutierre de Cetina encantaba los oídos de las damas del virreinato; don Juan de la Cueva paseaba por las calles de la ciudad y su paladar se deleitaba con exóticos manjares: "que un pipián es célebre comida, que al sabor dél os comeréis las manos"; Francisco de Terrazas hacía admirables sonetos al itálico modo, y la Universidad de México daba al mundo sus primeros doctores. En este ambiente vivió nuestro poeta.

Se le llamó divino en su tiempo; su nombre figura en el *Cancionero inédito* de 1577; conocidos autores se enorgullecían de ostentar versos suyos en sus libros, y a pesar de todo esto son escasísimos los datos que poseemos acerca de su vida. Debe de haber nacido por 1534 y por ciertos regionalismos de su estilo y alusiones geográficas presentes en sus obras se supone que fué del Campo de Tablada, cerca de Sevilla.[1] Amado Alonso parece no aceptar el origen andaluz del poeta y se pregunta si por su nombre no sería de Eslava, en Navarra.[2] No hay prueba de que fuera andaluz y esta suposición tiene tan poco fundamento como la de Amado Alonso.

Es interesante notar que Menéndez y Pelayo no aporta ningún dato nuevo sobre la vida de este escritor pues todo lo que de él dice en su *Historia de la Poesía Hispanoamericana* lo saca de las investigaciones de don Joaquín García Icazbalceta. Julio Jiménez Rueda llama a Eslava "hombre bonachón y clérigo simpático".[3] El señor Torre Revello encontró en el Archivo de Indias un importante documento que demuestra que González de Eslava llegó a México en el año 1558.

Por un célebre proceso entablado en México en 1574 tenemos algunos datos acerca de la vida de nuestro dramaturgo. A causa de la representación de unas comedias con sus respectivos entremeses, uno de los cuales era una crítica bastante severa contra los alcabaleros de aquel tiempo, se sabe que González de Eslava fué preso. En una acta de petición redactada por él mismo en el proceso que se le formó en 1574 leemos lo siguiente:

> El día veinte de diciembre de 1574 el señor doctor Orozco, alcalde de corte, acompañado de varios alguaciles, fué a su casa [la de Eslava] y le deserraxó el aposento donde dormía y de una arca donde tenía sus papeles e otros escritos, se los tomó. Y el mismo día fué al Fiscal de su Magestad y con dos alguaciles y porquerones e negros enviados por el Dr. Cárcamo, Oidor, y por el Dr. Horozco, le prendieron y condujeron a la cárcel arzobispal, y que más tarde, uno o dos días después, fué llevado por la calle de esa cárcel a la casa de la Audiencia, con grande escándalo de la ciudad, pues como era día de fiesta —Santo Tomás Apóstol— causó

---

[1] V. J. García Icazbalceta, ed. de los *Coloquios*, p. 177.
[2] Véase Alonso, "La pronunciación de la z y de la *c* en el siglo xvi", revista *Universidad de la Habana*, marzo-abril, 1939, p. 23.
[3] Jiménez Rueda, "La Edad de Fernán González de Eslava", *Revista Mexicana de Estudios Históricos*, T. II, 3, mayo-junio, 1928, pp. 102-106.

su conducción alboroto y comentarios, pues "en 16 años a que estoy en la tierra nunca assi me había tratado".

Por este proceso en que González de Eslava asegura haber estado en México diez y seis años se puede colegir que llegó a este país en 1558, fecha que concuerda con la dada por el señor Torre Revello. Hay más datos en el proceso. Se dice allí que el autor de una de las comedias era "el clérigo de evangelio", de cuarenta años de edad, llamado Fernán González de Eslava, etc. Si en 1574 Eslava tenía cuarenta años, justo es creer que el año de su nacimiento debe colocarse alrededor de 1534.[4]

Como gran parte de los escritores del siglo XVI, González de Eslava escribió obras a lo humano y a lo divino; las primeras, que deben de haber tenido mucho sabor de la tierra, no han llegado desgraciadamente hasta nosotros y de las segundas nos queda la rarísima edición que hizo de ellas en 1610 Fray Fernando Vello de Bustamante con el título de *Coloquios Espirituales y Sacramentales y Poesías Sagradas*.[5] Esta obra fué reeditada en 1877 por don Joaquín García Icazbalceta con una introducción que es hasta la fecha el mejor estudio que tenemos sobre este dramaturgo.[6]

Los *Coloquios* fueron escritos entre 1567 y 1600 y representados en diversos escenarios; son diez y seis en número, no siempre sacramentales como su nombre lo haría creer, y a pesar de que señalan una corriente semipopular en literatura tienen hoy un marcado sabor de cosa castiza, clásica, y un valor lírico excepcional puesto que Eslava era excelente poeta.

[4] Vello de Bustamante dice en el prólogo de la primera edición de los *Coloquios*: "Fernán González de Eslava y yo tuvimos en la experiencia de cuarenta y tres años que tuvimos de amistad..."

[5] El impresor de la primera edición de los *Coloquios* prometió que las "obras a lo humano" de González de Eslava pronto saldrían a luz. Eguiara menciona en su *Biblioteca* esta promesa; Beristáin, que no vió la primera edición, la menciona tres veces; dice así: "Dícese que es una colección de las poesías que compuso el Pbro. Hernán González"; pero en la p. 470 de su obra da por impreso el tomo de poesías profanas "en la misma oficina, dicho año".

[6] El libro de González de Eslava era rarísimo en el siglo XIX. Eguiara conocía sólo su ejemplar; García Icazbalceta logró ver un ejemplar en 1867, el del presbítero Agustín Fischer, vendido después en Londres al librero Quaritch. Hoy no se sabe donde está. Por 1872 García Icazbalceta obtuvo el ejemplar de Eguiara, del cual hizo su edición.

Hubo una gran cantidad de escritores de representaciones religiosas en México en el siglo XVI; todos ellos rivalizaban en las celebraciones de las fiestas de Corpus Christi impulsados por su fervor religioso y por "las joyas" que ofrecía la ciudad; aunque quedan todavía algunas obras de esta clase, los nombres de sus autores se han perdido y es un milagro que el de González de Eslava haya llegado hasta nosotros.

Los coloquios tienen marcada semejanza con los autos sacramentales aunque unos cuantos celebran el sacramento de la Eucaristía, por lo cual sólo éstos podrían llamarse con propiedad sacramentales. Se diferencian además ligeramente del auto sacramental en la forma con diálogo abundante y no se ciñen al acto único. El mérito de los *Coloquios* de Eslava ha sido debidamente apreciado por la crítica desde que salieron a luz por segunda vez. Menéndez y Pelayo nos da el siguiente juicio de nuestro dramaturgo:

> Fué Eslava ingenio de grandísima facilidad y rica vena; pródigo, aunque no selecto, en los donaires; rico de malicia y de agudeza en las alusiones a sucesos contemporáneos; excelente versificador, sobre todo en quintillas; bien fundado y macizo en la doctrina teológica que probablemente había cursado y que en sus coloquios inculca y expone en forma popular y amena, procurando acomodarse a la inteligencia, no ya sólo de los españoles sino de los indios neófitos que supiesen nuestra lengua. Por el candor y la ingenuidad del diálogo, por la sencilla estructura y poco artificio de la composición, y aun por el uso inmoderado del elemento cómico y grotesco, pertenece al teatro anterior a Lope de Vega, y sus autos se parecen mucho a los del códice de nuestra Biblioteca Nacional y aun a otros más antiguos y rudos como los de la *Recopilación* de Diego Sánchez de Badajoz.[7]

Parecida aunque mejor opinión tiene de él García Icazbalceta. Carlos González Peña ve en los *Coloquios*, además de su valor literario, una alta significación histórica y lingüística:

> Por las modalidades de su obra, González de Eslava pertenece al teatro anterior a Lope de Vega, y conceptúase el

---

[7] *Historia de la Poesía Hispanoamericana*, tomo I, p. 48.

Bosque Divino como brillante concepción alegórica que revela innegable y no vulgar talento poético en el dramaturgo. Interesantísimos en sí como documento precioso para el estudio de nuestro teatro en el siglo XVI, los *Coloquios*, aparte su valor literario, tienen elevada significación desde el punto de vista de la lingüística y de la historia. En ellos se refleja el habla criolla en sus orígenes, tan rica en locuciones andaluzas, como influída por la lengua náhuatl. Y en ellos también, justamente porque abundan —sobre todo cuando son de circunstancias— en lo que ahora llamamos color local, el historiador encuentra rasgos relativos a las costumbres, al modo de pensar y sentir de los habitantes de la Nueva España; así como alusiones a sucesos contemporáneos, que son datos de auténtica valía para el conocimiento de la vida mexicana de entonces.[8]

El valor costumbrista de los *Coloquios* es innegable. Esparcidas en todos los *Coloquios* hay muchas referencias a las costumbres y usos del siglo XVI. En una de estas piezas se menciona el sistema de repartimientos; en otra se describen las fiestas que se hicieron a la llegada de un virrey; en una tercera se habla de un viaje en tiempos coloniales. Hay también referencias a acontecimientos circunstanciales: En el *Coloquio del Bosque Divino* dice Murmuración: "Como quitaron los coches, ando entregada a gente de la tierra; como carga de basura voy en su poder." En este coloquio hay importantes alusiones de actualidad y en él encontramos ese famoso comentario sobre el excesivo número de poetas que había en la Nueva España: "Ya te haces coplero; poco ganarás a poeta, que hay más que estiércol; busca otro oficio; más te valdrá hacer adobe un día que cuantos sonetos hicieres en un año."

Hablando de actividades dramáticas se menciona en un coloquio "las joyas que daba la ciudad", en tanto que en otro se hace referencia al diablo cojuelo. Que el orgullo español había pasado a las Indias lo demuestra claramente un perso-

---

[8] *Historia de la Literatura Mexicana*, México, 1928, p. 122. Esta observación acerca de su valor lingüístico la había hecho Menéndez y Pelayo en *op. cit.*, p. 48 del tomo I. Véase sobre este particular el ensayo de Alonso.

naje de un coloquio cuando exclama: "soy nieta de Conquistador".

Por lo que se refiere a la lengua los *Coloquios* son de extraordinaria importancia y ya están sirviendo de materia para el estudio de problemas fonéticos, entre otros el del seseo en América. García Icazbalceta fué el primero en llamar la atención a este aspecto lingüístico y el primero en observar que en los *Coloquios*, juzgando por las rimas, no se hacía distinción entre la z y la s. Menéndez y Pelayo no podía descuidar un asunto de tanto interés y así escribe:

> Como gran parte del diálogo es de tono vulgar y aún chocarrero, abunda en idiotismos y maneras de decir familiares, propias del habla de los criollos, y que en vano se buscarían en los monumentos de la poesía culta. Allí pueden sorprenderse los gérmenes del provincialismo mexicano, en el cual el elemento andaluz parece haber sido el predominante como en casi toda América, acaudalándose en México más que en otras partes con despojos de las lenguas indígenas.[9]

El maestro español habla de "provincialismo mexicano" con predominancia del elemento andaluz. Amado Alonso está de acuerdo con Menéndez y Pelayo en lo que se refiere a la nueva modalidad al decir que "ya en la segunda mitad del siglo XVI había un medio lingüístico americano".[10] Y agrega: "Eslava estaba acomodado a su nuevo ambiente lingüístico".[11] Alonso niega sin embargo el exclusivismo del fenómeno andaluz y después de analizar la obra de Eslava y compararla con las de Terrazas, Pérez Ramírez, Arrázola y Córdoba Bocanegra, llega a las siguientes conclusiones:

1. El seseo americano es un proceso desarrollado en América, no trasplantado de Andalucía.
2. El seseo americano está relacionado con el seseo andaluz, con el de algunos rincones leoneses, con el de Canarias, Filipinas y con el judeo-español.
3. Los muchos andaluces que hubo en América fueron el motivo del fomento pero no el fermento del seseo.

[9] *Historia de la Poesía Hispanoamericana*, tomo I, pp. 48, 49.
[10] *La pronunciación*, etc.
[11] *Ibid.*

4. En el siglo xvi hay un estado americano de lengua y el seseo es una manifestación de éste.
5. El seseo está relacionado con una nueva índole cultural e individual de los colonos y conquistadores españoles y primeros criollos. El seseo se explica dentro del "popularismo" del castellano de América.
6. Desde el punto de vista fonético (fisiológico y acústico) el seseo ha seguido la misma marcha en todas partes, aunque no al mismo tiempo. Primero se distinguían *s* y *ss*, *z (ds)* y *c (ts)*; después se confunde -*s* y -*z* en posición final; luego, *s* y *z* intervocálicas y al fin la *c* se confunde.

Demuestra Alonso que en la segunda mitad del siglo xvi, y por lo tanto en el caso de Eslava, el seseo no es general sino fonéticamente condicionado. En el caso de Eslava hay treinta y ocho casos de rimas -*z* con -*s* en posición final (vez-pies; estás-faz; luz-Jesús); siete casos de -*z* con -*s* intervocálicas (hizo-aviso-quiso; tres casos de -*c* con -*ss*, que se pueden considerar como consonancias imperfectas.

El hecho de que en los poetas más cultos como Terrazas, Pérez Ramírez, etc., no se produzca este fenómeno indicaría que la igualación refleja sólo la pronunciación real de Eslava, poeta de tendencia más popular, y que el seseo en la Colonia no fué un proceso general como es hoy sino que hubo una verdadera lucha entre la tendencia tradicionalista culta que mantiene la distinción y la tendencia neologista vulgar que tiende a igualar.[12]

Los neologismos de origen indígena dan a los *Coloquios* un pintoresco color local pero no son tan abundantes como creen los críticos. Entre ellos anoto los siguientes: *ahmonoqualli*, exclamación que significa sal de ahí; *atengo*, laguna; *atolero*, vendedor de *atole* o mazamorra; *cacao*, que servía de moneda; *chichimeco*, nombre de una tribu; *guaya*, propio de judío; *huipil*, camisa; *jacal*, choza; *juiles*, peces chicos; *maya*, persona vestida de disfraz ridículo; *mecate*, cuerda de maguey; *naguatato*, intérprete; *pachoncheca*, según García Icazbalceta derivada de pachón, hombre de genio flemático; *patles*, medicina;

---

[12] En el caso de rimas como *maravillosas* con *cosa*, no se puede deducir la aspiración y supresión de la *s* final en el México del siglo xvi. Véase Alonso, *ibid*.

piciete, tabaco; *piltonte*, muchacho; *tianguez*, mercado; *tipuzque*, cobre; *tlameme*, indio de carga; *tlaocmaya*, exclamación que significa esperad; *xuchil*, flor; *zacate*, yerba.

Usa también González de Eslava algunos vocablos de más difícil interpretación tales como *desguargorro, mazcorro, temprón*; unos cuantos americanismos: *cimarrón*, salvaje; *gandul*, indio salvaje; *carrancino*, derivado del famoso esgrimidor Carranza.

Un resumen del coloquio intitulado *De los siete fuertes* nos explicará la factura de este género dramático. Como era corriente en el siglo XVI que los indios chichimecos atacaran a los mercaderes y caminantes que iban de México a las minas de Zacatecas, el virrey Manrique ordenó que a lo largo del camino se construyeran siete fuertes. El coloquio simboliza el sacramento de la eucaristía y los siete fuertes son los siete sacramentos a los cuales se acogen los hombres que viajan de la tierra al cielo.

El coloquio empieza con una loa dedicada al virrey; pronto aparece Ser Humano, carácter principal de la obra. Estado de Gracia, capitán del fuerte del Bautismo, conduce a Ser Humano por el mundo; llegan al fuerte de Confirmación y salen a recibirles Carne, Mundo y Demonio; más tarde, en la venta de Placer Humano estos tres flechan a Ser Humano cuando pregunta "si hay Mujer". Herido, Ser Humano empieza a dar gritos y acude en su ayuda Socorro Divino, capitán del fuerte de Penitencia. Ser Humano es conducido al fuerte de Sacerdocio y de allí al fuerte de Matrimonio; al recomendársele que se acoja a él, contesta:

> aquélla es pesada carga,
> no me hallo para tanto...

En seguida Estado de Gracia lleva a Ser Humano al fuerte de Extrema Unción y por fin al fuerte del Santísimo Sacramento del Altar; Ser Humano dice que pasará salvo a las Minas del Cielo.

Es probable que la alegoría de este coloquio sea demasiado elemental, pero algunos rasgos de humorismo y la mezcla de elementos religiosos y profanos dan a esta pieza cierto encanto. El tono humorístico de González de Eslava está siempre presente cuando trata de cosas mundanas. En el *Coloquio* segundo exclama un soldado:

> Topé siete mesticillos
> aquí junto a Santa Fe,
> y pusiéronse en puntillos,
> por lo cual les quebranté
> a pomazos los carrillos.

En el *Coloquio* sexto aparece este ejemplo de humorismo realista:

> Y prega a Dios verdadero
> que Satán
> tenga un brazo en Cuyohuacán,
> y las piernas en Huaxaca,
> y el testuz en Cuernavaca,
> y la panza en Michuacán.

El humorismo de González de Eslava llega a su máxima expresión en el *Entremés del Ahorcado*. Un rufián da a otro un bofetón y éste viene en busca del primero para vengarse; el agresor, viendo venir de lejos a su enemigo, ruega a un amigo pretenda ser ahorcador y se finge ahorcado; llega el rufián afrentado y tiene graciosos pensamientos acerca de su rival a quien habría castigado severamente "si no se hubiera ahorcado", al decir lo cual hace ademán de dar una estocada al supuesto muerto pero el ahorcador le contiene. Por fin se va el rufián; desatan al ahorcado y éste parodia donosamente el discurso de su enemigo diciendo lo que habría hecho "si no estuviera ahorcado".

En el *Coloquio* cuarto Capilla se expresa acerca de Luzbel en estas sentenciosas líneas:

> Názcale mal zaratán
> al putillo,
> mal entrás, mal lobanillo;
> déle mal dolor de hijada,
> y su lengua sea sacada
> por detrás del colodrillo.

El realismo de los *Coloquios* se evidencia en los temas. Con motivo de haberse establecido una fábrica de tejidos de lana en México, González de Eslava escribe su *Obraje Divino* en el cual la Penitencia, vestida de sayal pardo, con unas tijeras de tundir y una rebotadera, tunde la conciencia y trabaja en el obraje divino de la Iglesia; trabaja la lana del cordero divino que se cardó en la cruz para que los hombres vistieran su paño, paño divino que se manchó con la desobediencia de Adán.

El elemento realista histórico y popular aparece en el segundo *Coloquio* que celebra la jornada que hizo a la China el general Miguel López de Legazpi y su vuelta de allá a la Nueva España. En este coloquio el Amor Divino llama a los soldados de Cristo y todos van en expedición a la tierra divina; Simple hace preguntas acerca de la naturaleza de Dios y Amor y Paz le explican su esencia; Simple se enrola bajo sus banderas; todos se embarcan en la nave de la Iglesia, dirigidos por Vizcaíno; Soldado y Simple riñen, éste diciendo cosas muy graciosas; Vizcaíno hace comentarios absurdos en su lengua estropeada.

Una simple enumeración de los temas tratados en los *Coloquios* bastará para demostrar el valor realista de los mismos: consagración del doctor Pedro Moya de Contreras, primer Inquisidor de Nueva España y Arzobispo de la Iglesia mexicana; construcción de los siete fuertes; llegada a México del Conde de Coruña, virrey de Nueva España; batalla naval que don Juan de Austria tuvo con el Turco; aparición de la pestilencia en México; recibimiento de don Luis de Velasco, virrey, etc.

Se hallan en la obra de González de Eslava interesantes indicaciones acerca de los trajes, costumbres del tiempo y "apariencias", o sea aparato escénico. Fuera de los vestidos convencionales de reyes, ángeles, demonios, pastores, obispos y seres abstractos, tenemos:

> Penitencia vestida de sayal pardo con una tijeras de tundir y una rebotadera en la mano. *(Obraje divino)*
>
> El Engaño con dos caras. *(Ibid.)*
>
> La Malicia con un arco y flechas. *(Ibid.)*

Engaño y Malicia presentan al Hombre un capotillo bordado por fuera y por dentro lleno de andrajos y remendado. (*Ibíd.*)

Todos han de salir a las ventanas y han de salir dos perros que han de despedazar a Adulación y Vanagloria. (III)

Dos pajes con dos platos de colación. (III)

Llega Ser Humano al valle del Mundano Placer donde ha de estar una casa colgada como en el aire. (V)

En el fuerte de Penitencia está una figura vestida de cilicio. (V)

En el fuerte de Sacerdocio hay un sacerdote figurado y un obispo que le ordena. (V)

En el fuerte del Santísimo Sacramento están pintados un cáliz y una hostia con sus candeleros. (V)

Lope Bodillo y Juan Garabato juegan a las presas; juegan al naipe la espada, la daga y la gorra. (VI)

Ábrese la tierra y sale la Verdad. Aparece una nube en lo alto y ábrese. (IX)

Hay un lugar que se abre y aparece Cristo Crucificado. (XI)

La Riqueza lleva un justillo pintado de demonios; la Pobreza un vestido remendado, como una beata, y pintado en el pecho un crucifijo. (XI)

Simple tiene un aura en la mano, como halcón. (XIII)

Amor Propio tiene una bolsa de reales en la mano. (XIII)

La Pestilencia vestida de un justillo llena de muertes y subida sobre un basilisco... Fervor con una cabeza en la mano. (XIV)

Sale doña Murmuración en una silla que llevan dos indios. (XVI)

Entra Remoquete con una empanada. (XVI)

Espión da con un palo a Ocasión, su esposa. (XVI)

Aunque González de Eslava resulte a veces monótono en su orientación alegórico-religiosa, tiene, vuelvo a repetirlo, verdadero mérito literario por su versificación, su fuerte realismo, sus comentarios de actualidad, es decir, su interpretación del momento histórico. Como poeta a veces logra elevarse a una zona del más puro lirismo, en especial cuando expresa sentimientos religiosos; en cambio, cuando va hacia lo popular llega a lo picaresco. Es sentencioso, rico en proverbios, refranes y dichos populares. Murmuración, uno de sus personajes mejor definidos, habla con las frases recias y jugosas de la Celestina.

Para ilustrar la verdadera belleza de concepción artística a que puede llegar el coloquio voy a resumir el *Coloquio espiritual de Pobreza y Riqueza*. Entran Riqueza, que lleva debajo de su vestido un justillo pintado de demonios, y Pobreza, que lleva debajo del suyo remendado un justillo blanco lleno de estrellas y pintado en el pecho un crucifijo; entra un Simple con una aura y un halcón; Riqueza y Pobreza le cortejan y Simple no sabe con cuál de las dos irse; Riqueza y Pobreza ruegan a Conocimiento que las juzgue; se desnudan ambas y aparece Riqueza como demonio, y Pobreza llena de estrellas.

Antes de la obra de Juan Ruiz de Alarcón y de Sor Juana Inés de la Cruz, los *Coloquios* de Fernán González de Eslava representan la más alta manifestación del talento dramático en tierras de América. La obra de este escritor señala un serio avance hacia el drama de verdadero valor artístico sobre los ensayos de los misioneros, las conquistas y los primitivos autos de las procesiones de Corpus Christi.

Si la historia ofrece los nombres de Sahagún y de Motolinía; la poesía, los de Terraza y Valbuena; la prosa filosófica, el de Salazar en sus famosos *Diálogos latinos*, el drama está noblemente representado en los *Coloquios* y el nombre de González de Eslava adquirirá en el futuro prestigio de autor clásico en nuestra literatura hispanoamericana.

B. Juan Ruiz de Alarcón (mexicanismo)

No estudiaríamos a don Juan Ruiz de Alarcón en este libro si no fuera porque varios críticos hispanoamericanos han sostenido que su obra ofrece ciertas características mexicanas. No queremos incurrir en pecado de patriotismo literario, que sería absurdo en este caso ya que la colonia es, lo hemos dicho muchas veces, una trasplantación de España a tierras de América. Además, como Alarcón es uno de los cuatro dramaturgos mayores de la España del siglo de oro, sería inútil hacerle aparecer solitario en una literatura americana cuyos mayores exponentes son González de Eslava, con sus coloquios limitados a una expresión religiosa, y Sor Juana Inés de la Cruz, de obra dramática relativamente escasa, aunque sí de gran belleza lírica.

Sin embargo, los nuevos datos que nos da don Julio Jiménez Rueda[13] en su reciente libro sobre el gran dramaturgo, sobre todo en lo que se refiere a la fecha de su nacimiento, nos inducen a hacer nuevos comentarios sobre el aspecto americano de su obra, que ya se ha convertido en un verdadero problema literario.

Desde hace ya tiempo se venía aceptando el año 1580 como la fecha de nacimiento de Alarcón. Por ciertos datos encontrados en los registros de la Universidad de México, institución a la cual ingresó Juan Ruiz de Alarcón hacia 1592, supone Jiménez Rueda que la fecha de su nacimiento debe retrotraerse a los años 1575 o 1576. Punto es éste de mucha importancia en lo que se refiere a la teoría del mexicanismo de Alarcón, tan hábilmente sostenida por don Pedro Henríquez Ureña,[14] ya que un período de cinco años es de trascendental importancia en la juventud de un escritor. Por lo que se refiere al lugar de nacimiento parece que su cuna fué la ciudad de Taxco, y no la de México, como siempre aseguraba el mismo Alarcón.

Juan Ruiz de Alarcón vive y estudia en México hasta 1600, es decir, siguiendo la teoría de Jiménez Rueda, hasta

[13] *Don Juan Ruiz de Alarcón y su tiempo*, Porrúa, México, 1939.
[14] *Conferencia pronunciada la noche del 6 de diciembre de 1913*, etc., publicada en *Nosotros*, nº 9, mayo, 1914.

que tiene veinticinco años; hacia 1600 parte a España. Viaja extensamente por ese país; vive en Salamanca, en donde trabaja para la licenciatura; es abogado de la Audiencia de Sevilla y, por fin, en mayo de 1608 se le concede el permiso para pasar a las Indias.

No contando con dinero suficiente para obtener el grado de doctor en Salamanca, Juan Ruiz de Alarcón trata ahora de obtenerlo en la de México y careciendo todavía de medios para ello solicita del claustro de la Universidad se le "dispense de la pompa", pues el solicitante "es tan pobre como consta a su señoría". Alarcón nunca obtiene el grado de doctor ni nunca puede dictar cursos en la Universidad de México.

Después de fracasar en sus intentos universitarios, Alarcón es asesor, juez de pulques y pesquisidor. Descontento de su situación de injusta inferioridad, Alarcón decide hacer nuevo viaje a España. En 1613 parte a Europa sin que hasta este momento haya demostrado en manera alguna su genio literario. En Madrid trata de conseguir algún puesto pero no lo logra y, atendiendo al relativo bienestar de que disfrutaban algunos escritores de comedias, decide escribir para el teatro, "no como lícitos divertimientos del ocio sino como virtuoso efecto de la necesidad en que la dilación de mis pretensiones me puso." [15]

Pronto empieza a escribir y por más de diez años se dedica exclusivamente a sus labores literarias, dando al teatro poco más de dos docenas de obras. En la primera parte de éstas, publicada en 1628, incluye ocho comedias, y en la segunda, de 1634, doce. Otras cuantas comedias se publicaron en ediciones separadas. Nada se sabe de la fecha exacta en que fueron escritas estas obras y sólo se puede ensayar, y así lo han hecho Hartzenbusch y Fernández Guerra, una cronología aproximada.

Aunque el teatro de Alarcón es muy semejante al de Lope, Tirso, Moreto y Calderón, se distingue de él en el prurito moral del mexicano cuyas comedias son guías de buen vivir en que exalta los nobles sentimientos tales como la amistad, la generosidad, la largueza, la veracidad y la justicia. Su moral no es religiosa sino social; no se obra bien por temor al cas-

[15] *Comedias*, Primera parte.

tigo divino sino porque así lo exige la propia conciencia. Su concepto del honor individual es también distinto:

> si el honor puede ganar
> quien nació sin él. ¿No es cierto
> que por el contrario puede
> quien con él nació perderlo? [16]

No puedo menos de citar aquí las palabras tan exactas de Valbuena Prat sobre este aspecto de la obra de Alarcón:

> Con una breve producción Alarcón ha alcanzado una cima de lo dramático. Sobrio, ceñido, ático, en un momento en que la fórmula dramática de Lope daba paso a los fáciles improvisadores, el *Terencio Español*, que le llamó Menéndez Pelayo, abre paso a una corriente urbana y fina de comedia que seguirán Moreto, Moratín, López de Ayala en España y que en la dramaturgia universal, por *Le Menteur* de Corneille, dará paso al mundo escénico de Molière.[17]

Esta nueva modalidad que presenta el teatro de Alarcón nos trae de lleno a su mexicanismo. Jiménez Rueda observa que en el drama religioso *El Anticristo*, en el histórico *El Tejedor de Segovia*, y en el de fantasía *La Cueva de Salamanca*, sigue Alarcón la técnica de Lope, pero que a pesar de esto, hay entre sus comedias y las de Lope una diferencia fundamental. Para Alfonso Reyes, la obra de Alarcón representa una mesurada protesta contra Lope, dentro, sin embargo, de las grandes líneas que éste impuso al teatro español. Para Menéndez y Pelayo, Alarcón es "el clásico de un teatro romántico". Para Barry, Alarcón es superior a Lope, Tirso y Calderón, por la emoción, por la selección y variedad de los asuntos, por la naturalidad del diálogo, por la verosimilitud de la fábula, por la moralidad del fin, por la sobriedad de los medios y de los adornos, por la corrección sostenida de un estilo que es, después de tres siglos, uno de los mejores modelos que hay que señalar a la imitación.[18]

---

[16] *La Verdad Sospechosa.*
[17] *Historia de la Literatura Española*, t. II.
[18] Citas de Jiménez Rueda.

Por estas razones habrá que considerar a Alarcón como un escritor distinto, más discreto, más reposado, más cuidadoso, más medido, más íntimo. Sienta así plaza de clásico en una nación de dramaturgos brillantes y de arrebatada fantasía que se daban el trabajo de estudiar la preceptiva para luego violar las leyes más elementales de ésta. En varios de estos aspectos encuentra Henríquez Ureña el mexicanismo de Alarcón. Veamos lo que dice el distinguido crítico dominicano:

> Son de mexicano los dones de observación. La observación maliciosa y aguda, hecha con espíritu satírico, no es privilegio de ningún pueblo; pero si bien el español la expresa con abundancia y desgarro (¿y qué mejor ejemplo en las letras, que las inacabables diatribas de Quevedo?) el mexicano la guarda socarronamente para lanzarla, bajo concisa fórmula, en oportunidad inesperada. Las observaciones leves, las réplicas imprevistas, las fórmulas epigramáticas, abundan en Alarcón y constituyen uno de los atractivos de su teatro.[19]

Por lo que se refiere a los personajes y al propósito moral del teatro de Alarcón dice Henríquez Ureña lo siguiente:

> La observación de los caracteres y las costumbres es el recurso fundamental y constante de Alarcón mientras en sus émulos es incidental; y nótese que digo la observación, no la reproducción espónea de las costumbres ni la libre creación de los caracteres, en que no les vence. Este propósito incesante se subordina a otro más alto: el fin moral, el deseo de dar a una verdad ética aspecto convincente de una realidad artística.[20]

Luego, como cosa ya más de forma, más externa, se encuentra en Alarcón la cortesía mexicana, esa cortesía tan propia del indio, y que ha llamado la atención de todos los viajeros europeos. En su manera de ser personal Alarcón representaba esa cortesía y por eso llamó mucho la atención él también en los grupos sociales madrileños.

Claro está que Henríquez Ureña, y Jiménez Rueda lo anota, no explica la nueva orientación del teatro alarconiano

---

[19] Henríquez Ureña, *op. cit.*
[20] Henríquez Ureña, *op. cit.*

sólo por su mexicanismo; al contrario, atribuye una gran fuerza definidora a su genio personal y a las experiencias de su vida. Y siendo Alarcón jorobado, contrahecho, feísimo, "una mona", al decir de uno de sus contemporáneos, tuvo que buscar en la nobleza del alma, en la probidad de las acciones, la clave del triunfo y la distinción. Por eso su teatro es diferente, por eso el reposo y la meditación le hacen concebir una nueva fórmula dramática y llegar a ser con el tiempo el primer dramaturgo moderno de la literatura española.

Es interesante fijarse en la calidad de la moral de Alarcón, que deriva, según la crítica, del propio concepto de la dignidad humana y no es, como en sus contemporáneos, producto de una creencia religiosa. El hombre lleva su propia dignidad, su propio honor, en oposición al concepto calderoniano de "honra", que está basado en la reputación, en la opinión de los otros, del mundo. Su fealdad física no le permitió a Alarcón el tener éxito con las mujeres y por eso su concepción del amor generoso y de la amistad es tan fuerte.

Julio Jiménez Rueda resume así los elementos que constituyen la formación psicológica de Alarcón:

> Su origen y su educación de niño en un ambiente distinto al español.
> Sus estudios clásicos y jurídicos que le pusieron en contacto con la antigüedad latina y disciplinaron su mente.
> Su condición física. Un cierto complejo de inferioridad que le hizo reservado, cortés y hasta zalamero.
> La batalla literaria de su tiempo en Madrid que le convierte en blanco de los más sangrientos ataques y que le hace concebir del hombre y de la mujer un concepto más claro y más humano que el que tenían sus enemigos.

Por lo que se refiere a los caracteres de Alarcón se notan en su obra ciertas diferencias. El dramaturgo mexicano ha puesto más cuidado que Lope en el estudio de sus personajes. Sus hombres son personas más de todos los días, sin la grandeza desmedida de muchos héroes del siglo de oro, y su conducta es más lógica. El carácter de las mujeres no posee gran intensidad, son diferentes de las mujeres de Lope y Tirso, más frías, más calculadoras. Los criados están como dignificados en su teatro y son en general más cultos que los que aparecen en la mayor parte de las comedias de su tiempo.

En cuanto a la técnica hay también elementos definidores. Casi todas sus comedias son de costumbres urbanas. Excepciones, *El Tejedor de Segovia*, romántica, y *El Anticristo*, religiosa. Usa muy pocos personajes, cinco a menudo, dos damas y tres caballeros; con éstos Alarcón baraja muy bien sus tramas de amores y amoríos. La dama más cuerda elige generalmente al mejor galán distinguiéndole según estas categorías: valor moral; prestancia física; nobleza heredada. La comedia de Alarcón es sencilla y se desarrolla de manera directa, respetando así la unidad de acción. El final de sus actos es natural y no busca el éxito de relumbrón como los otros dramaturgos contemporáneos.

Prefiere Alarcón la verosimilitud a la complicación de la trama dramática; describe con abundancia de detalles y va al análisis psicológico de manera moderna. Según palabras de Alfonso Reyes:

> En el mundo febril de la comedia española, tienen verdadero encanto esos descansos de la acción, esos bostezos de la intriga que nos permiten sorprender los aspectos normales y desinteresados de aquellas vidas tan lejanas.[21]

Otra diferencia notable entre Alarcón y los demás dramaturgos del siglo de oro, en especial Guillén de Castro y Lope, finca en el hecho de que el mexicano nunca recurre al Romancero para sacar de él temas dramáticos, ni siquiera lo usa como recurso lírico.

Jiménez Rueda resume de la siguiente manera el estilo y la técnica de Alarcón:

> La comedia alcanza en Juan Ruiz de Alarcón un grado de perfección que no tiene en los dramaturgos del siglo XVII, por la regularidad que caracteriza su desarrollo, por la íntima complacencia que pone en la pintura del ambiente, por el deleite con que modela las almas, porque en ella lo cotidiano adquiere un valor que casi es moderno; porque cuida del uso de las palabras, de la selección de los vocablos para que expresen lo que claramente ha querido decir; porque

---

[21] Ruiz de Alarcón. Ed. La Lectura. Cita de Jiménez Rueda.

huye de lo retorcido, de lo excesivamente retórico; porque, en definitiva, sus personajes se mueven obedeciendo a impulsos internos, no a la mecánica de un teatro que iba siendo demasiado convencional.[22]

Pedro Henríquez Ureña[23] observa que en la Nueva España las costumbres se hacen más ceremoniosas debido a la influencia del indio y que los criollos se sienten diferentes a los españoles y que Alarcón refleja hasta cierto punto ese ambiente. Por lo que se refiere a la parte formal de sus comedias el crítico dominicano dice que el lenguaje de Alarcón frente al español es diferente "en leve matiz", aunque no hay en él americanismos; hay también moderación y mesura en la forma. Otra de las cualidades distintas de Alarcón es la firmeza del carácter de sus personajes y la persistencia de propósitos y pasiones. En el fondo la comedia de Alarcón es más lenta, más lógica, más concreta, más reflexiva que la española. Las ideas morales del mexicano circulan libremente, sin ser disertación metódica; aparecen como incidentes del diálogo o se encarnan en un tipo: don García en *La Verdad Sospechosa*, don Mendo en *Las Paredes Oyen*, Garci Ruiz de Alarcón en *Los Favores del Mundo* y don Fadrique en *Ganar Amigos*. Con Alarcón parece que se suaviza el teatro del siglo de oro, se está en la casa y no en la calle; hay mejores costumbres, más afecto y vida más normal. El dramaturgo es "más sereno, más gris, más melancólico". Henríquez nota también que Alarcón usa el tipo del gracioso sólo cuando es necesario y casi enuncia una teoría en contra del gracioso cuando el sirviente Hernando, en *Los Favores del Mundo*, promete no hacer chistes fuera de lugar.

A pesar de todos estos argumentos Alarcón no ejerce ninguna influencia en el teatro mexicano colonial, en tanto que Lope de Vega orienta ese teatro y crea en América toda una escuela y Calderón tiene muchos imitadores más tarde. Alarcón, por otra parte, escribió todas sus obras en España —no se ha demostrado que haya escrito algunas en México— y no usó el motivo mexicano.

[22] *Don Juan Ruiz de Alarcón y su tiempo*, p. 233.
[23] V. *Seis ensayos en busca de nuestra expresión*, Buenos Aires, 1928.

C. Sor Juana Inés de la Cruz

Sor Juana Inés de la Cruz (1651-1695) es la figura intelectual más alta de la colonia. Como poeta lírico Sor Juana no tiene rival en América y aun como autora de obras dramáticas descuella entre todos los escritores de su tiempo. Sus comedias *Los Empeños de una Casa*[24] y *Amor es más Laberinto*[25] son de capa y espada, la primera con ligeras reminiscencias de Lope y Calderón, en el exceso de enredos y conceptos. En *Los Empeños de una Casa* Sor Juana no revela ninguna característica mexicana y se creería estar en presencia de un escritor peninsular. El señor Chávez, en su libro sobre Sor Juana,[26] dice que esta comedia es típicamente mexicana, especialmente en el carácter de Castaño, gracioso, que él cree distinto a los españoles. Las razones del señor Chávez no nos convencen y creemos que llega a un exceso de credulidad cuando afirma que Sor Juana en el complicado enredo de sus comedias "se burla de los enredos de aquella corte de los virreyes que tan bien conocía". La trama de la comedia es la siguiente: don Pedro, hermano de doña Ana, se enamora de doña Leonor, quien a su vez está enamorada de don Carlos; doña Ana también se encuentra prendada de este caballero y empieza a desdeñar a su antiguo amante, don Juan. Don Pedro urde un hábil plan para que doña Leonor se refugie en su casa; cuando don Carlos y doña Leonor huyen de la casa paterna de ésta son atacados por los criados de don Pedro y la dama es conducida a casa de doña Ana. Allí se encuentran todos; se siguen enredos y quid pro quos en que don Juan, que no conoce a doña Leonor, la acusa de deslealtad creyendo que es doña Ana, y don Carlos dice finezas a doña Leonor creyendo hablar a doña Ana. Las dos damas sienten celos infundados. En las jornadas segunda y tercera se siguen los malentendidos a tal punto que uno de los amantes declara su amor en encendidas frases a Castaño que para escapar de la justicia

---

[24] Ediciones: *Obras*, tomo II, Sevilla, 1692; Barcelona, 1693; Madrid, 1715; Sevilla, 1734; B. A. E., XLIX, *Dramáticos Posteriores a Lope*, tomo 2, pp. 285 ss.
[25] Ediciones: *Obras*, tomo II, Barcelona, 1693; Madrid, 1715.
[26] Ezequiel Chávez, *Ensayo de Psicología de Sor Juana Inés de la Cruz*, Barcelona, 1931.

se ha disfrazado de mujer. Por fin, doña Leonor y don Carlos, finos amantes ambos, se casan; doña Ana acepta a don Juan y los criados repiten las acciones de sus amos.

La comedia carece de interés humano; el amor sólo ha existido entre don Carlos y doña Leonor; doña Ana acepta como marido a don Juan por salir del paso y don Pedro acepta con demasiada facilidad el fallo de los sucesos. La obra está basada en la lectura de las comedias de Lope y Calderón a que Sor Juana era muy aficionada. Todos los enredos, disfraces, quid pro quos, malentendidos, etc., dan a los caracteres apariencia de caricaturas y solamente el carácter de Leonor logra dar a *Los Empeños* cierto valor.

Se ha dicho también que hay en esta comedia elementos autobiográficos y que Leonor representa a Sor Juana. En efecto, la prudencia, la seriedad, la inteligencia y la belleza de esta dama la asemejan a la autora. La similitud mayor está en que Leonor afirma ser muy aficionada a los estudios por lo cual alcanzó gran reputación:

> Inclinéme a los estudios
> desde mis primeros años,
> con tan ardientes desvelos,
> con tan ansiosos cuidados,
> que reduje a tiempo breve
> fatigas de mucho espacio.
> Conmuté el tiempo industriosa
> a lo intenso del trabajo,
> de modo que en breve tiempo
> era el admirable blanco
> de todas las atenciones,
> de tal modo, que llegaron
> a venerar como infuso
> lo que fué adquirido lauro.
> Era de mi patria toda
> el objeto venerado
> de aquellas adoraciones
> que forma el común aplauso,
> y como lo que decía
> (fuese bueno o fuese malo)
> ni el rostro lo deslucía
> ni lo desairaba el garbo,

> llegó la superstición
> popular a empeño tanto
> que ya adoraban deidad
> al ídolo que formaron.[27]

La comedia *Los Empeños de una Casa* tiene su escenario en Toledo y sólo notamos en ella una referencia americana cuando Castaño menciona su nacimiento en las Indias:

> Quién fuera aquí Garatusa,
> de quien en las Indias cuentan
> que hacía muchos prodigios;
> que yo, como nací en ellas,
> le he sido siempre devoto
> como a Santo de mi tierra.[28]

El título de su segunda comedia es *Amor es más Laberinto*, comedia de la cual las jornadas primera y tercera son de la Madre Juana y la segunda del Licenciado Juan de Guevara, ingenio conocido de la ciudad de México. El asunto de esta comedia es legendario pero parece que los personajes han sido transpuestos a un plano mucho más moderno, de comedia de capa y espada del siglo XVII. El héroe de la obra es el Príncipe Teseo, de Atenas. Teseo, después de haber ejecutado famosas hazañas, es traído a la isla de Creta para ser devorado por el monstruo, como víctima propiciatoria anual, pero sucede que Ariadna y Fedra, hijas del rey de Creta, se enamoran de él. Después de muchos lances, diligencias y habilidades le salvan y el Príncipe se casa con Fedra.

La mayor parte de los críticos ven una lamentable caída en el acto segundo. Hay en la comedia detalles de gongorismo y la arquitectura general de la obra es bastante débil. Por lo que se refiere a los conceptos amorosos hay que reconocer que el espíritu está muy lejos de ser clásico, y lo mismo puede decirse de la idea de heroicidad. En esto, se parece mucho a las concepciones alarconianas sobre esta virtud. El valor no es aquí privilegio de casta, no se puede adquirir como heren-

---

[27] *Obras poéticas*, Madrid, 1715, tomo II, p. 390.
[28] *Op. cit.*, p. 43.

cia y se encuentra hasta en el pueblo. El héroe se hace solo, sacrificándose en provecho de su prójimo. Y así dice Teseo:

> ...Los primeros
> que impusieron en el mundo
> dominio, fueron los hechos;
> pues siendo todos los hombres
> iguales, no hubiera medio
> que pudiera introducir
> la desigualdad, que vemos,
> como entre rey y vasallo,
> como entre noble y plebeyo.[29]

Teseo olvida de este modo su origen real y afirma lo que tanto repetía don Quijote, que cada uno es hijo de sus obras. *Amor es más Laberinto* es una comedia bastante entretenida; el gracioso Atún tiene salidas dignas de sus hermanos lopescos. Por ejemplo, cuando saluda, después de su señor, al rey, le dice:

> Y también besa tus patas
> un Atún, que a ser comido
> viene por concomitancia,
> si no mandáis otra cosa.[30]

La versificación de esta comedia es fácil y elegante y el gongorismo no la afea como nos ha querido hacer creer cierta crítica asustadiza, pues esta tendencia adquiere sólo formas elementales como la siguiente:

> Yo, no, pues antes, señor,
> me dará vuestra enseñanza
> para facultad de triunfos
> tantas lecciones de hazañas.[31]

Se ha venido afirmando que *Los Empeños de una Casa* ha sido influída por dos comedias españolas del siglo de oro, *La Discreta enamorada*, de Lope, y *Los Empeños de un Acaso*,

---

[29] *Obras poéticas*, Madrid, 1715, tomo II, pp. 321.
[30] *Ibid.*, p. 320.
[31] *Ibid.*, p. 318.

de Calderón. Como las tres obras pertenecen al género de capa y espada justo es que haya muchas semejanzas entre ellas, pero aquí debe terminar el paralelo. La intriga y los enredos son los elementos importantes en estas piezas y los caracteres tienen sólo un valor relativo al desarrollo de la obra. Por muchos caminos las comedias de capa y espada nos llevan al obligado desenlace del matrimonio y la novedad consiste sólo en hallar medios diferentes para obtener este fin. *Los Empeños* pone una nota original en este género por los elementos autobiográficos que presenta la heroína, y siendo estos datos una íntima narración de la vida de Sor Juana, la comedia se inviste de un tono especial de confesión y sinceridad.

El valor poético de la obra de Sor Juana es superior al de las otras dos comedias y desde luego posee mucho más gracia y más donaire que la comedia calderoniana. No hay razón alguna para asegurar que haya influencias directas y debemos declarar de una vez por todas que la obra de Sor Juana es original, que no procede de ninguna de las obras mencionadas por la crítica y que toda semejanza debe atribuirse al hecho de que las tres comedias pertenecen al género tradicional de capa y espada.

Sor Juana escribió tres autos sacramentales. *El Mártir del Sacramento San Hermenegildo*[32] es un auto historial alegórico. Esta pieza trata de la lucha entre San Hermenegildo, convertido a la religión católica, y su padre Leovigildo, arriano:

> Arrio (muerto en 336) enseñó que el Logos o Hijo de Dios era hechura de Dios, salido de la nada, por voluntad de Dios mismo, antes de la creación del mundo, para que le sirviese de instrumento en la producción de las demás criaturas. El hijo no siempre fué: tuvo principio como todas las demás criaturas. Llámase Hijo de Dios en el mismo sentido en que son llamados todos los hombres. El Concilio de Nicea de 325 condenó la doctrina de Arrio y definió la homousia. Combatieron el arrianismo, entre otros, Atanasio, Basilio Magno, Gregorio de Nacianzo y Gregorio de Niza. En 585, Leovigildo, rey de los visigodos, destruyó a los suevos. San Leandro, Arzobispo de Sevilla, intervino en la conversión de San Hermenegildo, hijo de Leovigildo.

---

[32] Ed. de 1692, tomo II; 1693, tomo II; 1715, tomo II.

A San Leandro se debe la conversión de los visigodos al cristianismo. Producto de esta conversión fué el Concilio de Toledo, durante el reinado de Recaredo, sucesor de Leovigildo.[33]

San Hermenegildo, Leovigildo, Recaredo, Ingunda, mujer del santo, San Leandro y la Apostasía son los personajes principales de este auto. Presenciamos en él la lucha interior de San Hermenegildo, dividido entre San Leandro e Ingunda que le animan a perseverar en el cristianismo, y su padre que le insta a que vuelva a la religión de sus antepasados. Leovigildo hace la guerra a su hijo, pone sitio a la ciudad de Sevilla y por fin San Hermenegildo se entrega a su hermano Recaredo. El rey envía a Apostasía para que consiga que San Hermenegildo reciba de su mano el Sacramento de la Eucaristía; San Hermenegildo rehusa y es muerto por Apostasía.

El auto está versificado con la pericia propia de Sor Juana; las figuras de San Hermenegildo y San Leandro están vigorosamente concebidas; Recaredo es de una clara nobleza y el rey adquiere una apariencia muy humana, destrozado entre el deber y el amor paternal.

En *El Cetro de Joseph*,[34] auto historial alegórico, llega Sor Juana a una lata expresión de belleza lírica y dramática. La traición de los hermanos está narrada con precisión y brevedad; el ensalzamiento de José por mandato del Faraón se desprende como justo premio de sus profecías; la revelación de la identidad de José a sus hermanos alcanza una verdadera fuerza de emoción. El episodio de los amores de la mujer de Putifar no tiene mayor significación en este auto. Otra vez notamos una versificación fácil y elegante, casi totalmente desprovista del vicio del gongorismo.

En el auto *El Divino Narciso*,[35] que Sor Juana escribió a pedido de su gran amiga la Condesa de Paredes "para llevarlo a la corte de Madrid, para que se representara en ella", aparecen los siguientes caracteres: el Divino Narciso, la Naturaleza humana, la Gracia, la Gentilidad, la Sinagoga, Eco, la

---

[33] E. Abreu Gómez, *Sor Juana Inés de la Cruz, Bibliografía y Biblioteca*, México, 1934, pp. 261, 262.
[34] Ed. 1692; 1693; 1715.
[35] Ed. 1690; México; 1691, I; 1692, II; 1709, I; 1725, I.

Soberbia, el Amor propio, ninfas y pastores y dos coros de música. El tema central del auto es el amor de Naturaleza humana por el Divino Narciso, que representa a Cristo. Eco persigue a Narciso y trata de conquistar su amor pero es desdeñada por éste y trueca el amor en odio; viendo que Naturaleza humana se inclina a Narciso, trata de desprestigiarla por medio del pecado para que pierda su semejanza con el amado. Naturaleza humana va al encuentro de su amante quien está en lo alto de un monte, de pastor galán; sale la Gracia en ayuda de Naturaleza y le aconseja que se acerque a la Fuente Sagrada y espere encubierta entre las ramas la llegada de Narciso:

> Procura tú que tu rostro
> se represente en las aguas,
> porque llegando él a verlas
> mire en ti su semejanza
> porque de sí se enamore.

Efectivamente, Gracia y Naturaleza llegan a la fuente y ésta parece que se mira en el agua; se acerca Narciso con una honda como pastor, mira la fuente y canta:

> Llego ¡mas qué es lo que miro!
> ¡qué soberana hermosura!
> afrenta con su luz pura
> todo el Celestial Zafiro:
> del sol el luciente giro,
> con todo el curso luciente
> que da desde Ocaso a Oriente
> no esparce en signos y estrellas
> tanta luz, tantas centellas
> como da sola esta Fuente.

Quédase como en suspenso ante la Fuente, luego se acerca más a ella y, enamorado de su propio rostro, o sea de Naturaleza humana, se arroja al agua. Naturaleza sale llorando, acompañada por coros de música; por fin sale Gracia y dice a Naturaleza:

> Vivo está tu Narciso,
> no llores, no lamentes,

ni entre los muertos busques
el que está vivo siempre.

Vuelve a salir entonces Narciso con otras galas, como resucitado, y Naturaleza vuelve a mirarle. Aparece por última vez Gracia y explica cómo Narciso, "gozando felicidades en la gloria de sí mismo", siendo el centro de la belleza del mundo, vió su imagen en el hombre y se enamoró de sí mismo:

> porque sólo Dios de Dios
> pudo ser objeto digno.
> Abalanzóse a gozarla,
> pero cuando su cariño
> más amoroso buscaba
> al imán apetecido,
> por impedir envidiosas
> sus afectos bien nacidos,
> se interpusieron osadas
> las aguas de sus delitos;
> y viendo imposible casi
> el logro de sus designios
> (porque hasta Dios en el mundo
> no halla amores sin peligro)
> se determinó a morir
> en empeño tan preciso,
> para mostrar que es el riesgo
> el examen de lo fino.

Es este auto sin duda alguna el más hermoso de Sor Juana, y su versificación es de tal perfección y belleza, que a veces nos parece estar frente a los versos de San Juan de la Cruz, a quien seguramente imita.

Nos ha dejado también Sor Juana dos interesantes sainetes. En el *Sainete Primero de Palacio*,[36] los interlocutores son el Amor, el Obsequio, el Respeto, la Esperanza, y un Alcalde. Canta el Alcalde y dice que quiere hacer de los individuos de palacio entes de razón; el Desprecio será el premio; todos piden el premio que es el desprecio de las damas. El Alcalde dice que no merece el premio quien lo pretende. Este sainete está lleno de finezas y conceptos.

[36] Ed. 1693, II; 1715, II.

En el *Sainete Segundo de Palacio*[37] toman parte Muñiz, Arias, Azebedo y compañeros. Muñiz y Arias discuten sobre una comedia que ha dado un estudiante; han hecho ya dos jornadas y están cansadísimos. Muñiz querría, para no ser silbado, una comedia de Calderón, Moreto o Rojas. Arias dice que "por ser nueva" la escogieron, pero que sería mejor repetir *La Celestina*. Muñiz observa:

> Amigo, mejor era Celestina
> en cuanto a ser comedia ultramarina...
> Que siempre las de España son mejores
> y para digerirlas los humores
> son ligeras: que nunca son pesadas
> las cosas que por agua están pasadas.[38]

Pero *La Celestina*, con ser castiza, era muy superior a ésta de Azebedo. Los actores buscan la manera de no acabar la comedia y así deciden hacerse fingidos mosqueteros y silbarla; Arias silba; sale el autor, Azebedo, y quiere morir; todos le ofrecen soga para ahorcarse. Luego cantan estas coplas:

Muñiz: Silbadito del alma
no te me ahorques,
que los silbos se hicieron
para los hombres.

Azebedo: Silbadores del diablo
morir supongo,
que los silbos se hicieron
para los toros.

Todos: Gachupines parecen
recién venidos,
porque todo el teatro
se hunde a los silbos.

Después de oír estas coplas, Azebedo implora perdón y promete no hacer más comedias; le dan como castigo

[37] 1693, II; 1715, II.
[38] Ed. 1715, p. 426.

> Pues de pena te sirva,
> pues lo has pedido,
> el que otra vez traslades
> lo que has escrito,

y Azebedo, ante tamaño castigo, replica:

> Eso no, que es aquese
> tan gran castigo,
> que más quiero atronado,
> morir a silbos.

Y termina Muñiz:

> Pues lo ha pedido, vaya
> —Silbad, amigos,
> que en lo hueco resuenan
> muy bien los silbos.

Estos sainetes se representaron entre los actos de la comedia *Los Empeños de una Casa*.

Sor Juana escribió también diez y ocho loas destinadas unas a celebrar el cumpleaños de los reyes de España o de los virreyes de México y otras a servir de encabezamiento a sus comedias y unas cuantas a temas religiosos. Tiene también la monja dos letras de carácter dramático; un sarao de cuatro naciones en que figuran españoles, negros, italianos y mexicanos, y por fin unos catorce villancicos, publicados entre 1677 y 1691, dedicados a la Asunción (4), a San Pedro Apóstol (3), a la Encarnación (2), a la Navidad (1), a San José (1), a Santa Catarina (1), a la Concepción (1) y a la Virgen María (1). Algunos de éstos están en español y otros ofrecen curiosas mezclas de español con latín, náhuatl y vascuence. Los estribillos de estos villancicos son de la más pura poesía. Damos a continuación algunos sacados de la serie de villancicos a Santa Catarina:

1

Aguas puras del Nilo
parad, parad,
y no le llevéis
el tributo al mar;
pues él vuestras dichas
puede envidiar;
no, no, no corráis,
pues ya no podéis
aspirar a más.
Parad, parad.

2

Esto, esto sí, esto sí,
esto sí, que es lucir,
cándido es el clavel,
purpúreo el jazmín:
esto sí, esto sí,
esto sí, que es lucir.

3

Venid, Serafines,
venid a mirar
una rosa, que vive
cortada, más,
y no se marchita,
antes resucita
al fiero rigor;
porque se fecunda
con su propio humor.
Y así es beneficio
llegarla a cortar:
venid, jardineros,
venid a mirar
una rosa, que vive
cortada, más.

4

—Catarina siempre hermosa,
es alejandrina rosa.
—Catarina siempre bella,
es alejandrina estrella.
—¿Cómo estrella puede ser,
vestida de rosicler?
—¿Cómo a ser rosa se humilla,
quien con tantas luces brilla?
—Rosa es la casta doncella.
—No es sino estrella
que esparce luz amorosa.
—No es sino rosa.
—No es sino estrella.
—No, no, no es sino rosa.
—No, no, no es sino estrella.

Terminamos estas observaciones sobre la obra dramática de Sor Juana asegurando que no hay dramaturgo que la sobrepase en mérito en América durante el siglo XVII y que el valor lírico de sus comedias, autos sacramentales y villancicos no es en manera alguna inferior al de los mejores dramaturgos españoles del siglo de oro.

III

EL "APOLOGÉTICO" EN FAVOR DE DON LUIS DE GÓNGORA

Hemos creído necesario empezar el estudio de este curioso ensayo citando las palabras que Menéndez y Pelayo le dedica: el *Apologético* es "uno de los frutos más sabrosos de la primitiva literatura criolla",[1] "una perla caída en el muladar de la poesía culterana." [2]

El *Apologético* debe de haber sido escrito antes de 1660, a juzgar por las censuras, aprobaciones y licencias de 1660 y 1661. El *Apologético* fué publicado por primera vez en Lima en 1662, y por segunda vez en la misma ciudad en 1694. Después ha sido reimpreso en la *Revue Hispanique*, LXV, París, 1925, y en la *Biblioteca de Cultura Peruana*, Vol. V, París, 1938.

El título completo de este ya famoso ensayo dice: "Apologético en favor de D. Luis de Góngora, príncipe de los poetas líricos de España: contra Manuel de Faria y Sousa, caballero portugués. Que dedica al Exc.mo Señor D. Luis Méndez de Haro Duque Conde de Olivares, &c. su autor el doct. Juan de Espinosa Medrano, colegial real en el insigne seminario de San Antonio el Magno, Catedrático de Artes y Sagrada Teología en él: Cura Rector de la Santa Iglesia Catedral de la Ciudad del Cuzco, cabeza de los Reinos del Perú en el nuevo Mundo".

Ya desde el siglo XVII el gongorismo tuvo sus defensores y sus detractores. Entre los primeros figuran Pellicer, Salazar Mardones, Salcedo Coronel, Angulo y Pulgar; y entre los segundos, Francisco de Cascales, Pedro de Valencia, Jáuregui, Lope, Quevedo, etc. La polémica se continúa aún en nuestros días.

Entre los enemigos de Góngora figura el portugués Manuel de Faria y Sousa, que en su elogio de Camoens denigra

---

[1] Menéndez y Pelayo, *Antología de poetas hispanoamericanos*, Madrid, 1894, tomo III, CCVI.
[2] *Ibid.*, CCIX.

por comparación al autor de *Las Soledades*. Después de la muerte de Faria, el erudito cuzqueño Espinosa Medrano sale nuevamente en defensa de Góngora, con el primer ensayo serio sobre gongorismo en América.

El método de Espinosa Medrano es exponer las opiniones de Faria para luego rebatirlas. Nosotros seguiremos el mismo sistema al hacer el comentario de ambos autores.

Empieza el *Lunarejo* por reconocer el aislamiento en que viven los hispanoamericanos debido a la distancia de la madre patria: "Tarde parece que salgo a esta empresa: pero vivimos muy lejos los Criollos, además que cuando Manuel de Faria pronunció su censura, Góngora era muerto; y yo no había nacido."[3] Luego entra de lleno en el análisis del Comentario de Faria y expone su criterio francamente estético —llama a Faria "gramático" y expresa su desdén en esta forma: "¡Oh desventura de los gramáticos! que luego se ha de apoderar de ellos la jactancia y la hinchazón".[4]

Dice Faria que instó a unos individuos medio juristas y medio poetas a que le dijeran en qué lugares, o misterio, o juicio, o alma Poética, estaba la razón para considerar a Góngora poeta y ellos contestaron: "en el hipérbaton". Espinosa pone en duda tal conferencia que sólo sirve de pretexto para iniciar su juicio. Si estos sujetos eran algo poetas sabrían muy bien lo que era el hipérbaton y no dirían que era la esencia de la alteza poética. Lo que deberían haber dicho, según Espinosa, es que Góngora lo usó con más felicidad que todos los poetas de España, y que "excedía a todos en la grandeza y audacia de hacer caber las Hipérbases Latinas en nuestro idioma."[5]

Por lo que se refiere a "misterios, juicio y alma poética" de Góngora niega Espinosa que los poetas del siglo habían de tener misterios que son privilegios de la escritura revelada y teológica. Sólo los Profetas hablan misterios. Góngora era *vates* por lo poético; no en lo adivino.

Alma poética es la alegoría, base del poema heroico, pero no se le puede pedir este don a Góngora que es poeta lírico

---

[3] *Apologético*, ed. Biblioteca de Cultura Peruana, p. 72.
[4] *Ibid.*, 75.
[5] *Ibid.*, 79, 80.

y erótico, pero si con esta palabra se designa "a las centellas del ardor intelectivo con que lúcidamente animó tan divino canto, mil almas tiene cada verso suyo, cada concepto mil vivezas. Además que aunque tuviera esa alma poética no todos la podrían demostrar porque no todos merecen raptos, éxtasis y arrobos." [6]

Faria cita versos de Góngora desglosándolos de su estrofa de modo que quedan oscuros y sin trabazón. Espinosa le enrostra este procedimiento artero. Faria se burla de este verso:

> Cuanto las cumbres ásperas cabrío

diciendo que esta poesía hace mucha cabriola. Espinosa halla este verso "hermosísimo" y compara su técnica con el de Camoens:

> As bombardas horissonas bramavan,

del cual dice Faria que al leerle se estaba oyendo la artillería. Espinosa aplica el mismo criterio al verso de Góngora y observa que al apartar Góngora el *cuanto* del *cabrío* pudiera juzgarse que expresa la travesura de ese ganado y que la transposición acompañada del *ásperas* con su acento dactílico y despeñado insinuaba el arrojo de las cabras, como el *bramaban* y el *horrísonas*, representaban el estruendo de las bombardas. Pasa luego a explicar el origen del hipérbaton citando este verso de Virgilio:

> *Ite mea quondam felix pecus, ite capellae...*
> (Andad mis otro tiempo feliz ganado, andad cabritas.)

Cuenta Faria en el *Polifemo*, las *Soledades* y el *Panegírico* más de seiscientos hipérbatones, que "por la mayor parte mueven a risa cuando hubieran de producir respeto si se usaran con templanza". Afirma Faria que "en todas las obras de los latinos no se hallan tantos, como en solos tan pocos versos de don Luis". Ve en ello dos yerros: *1)* "querer usar en nuestro idioma lo que es sólo del latín", y *2)* "que lo use un hombre en pocos versos, más que todos los latinos en todos los

---

[6] *Ibid.*, 82.

suyos y eso con mayor deformidad que ellos y casi sin variedad."⁷ Reconoce atrevimientos y galas en Góngora pero pide que se halle más que eso y de eso menos.

Espinosa empieza su crítica a estas observaciones definiendo el hipérbaton, en sus cinco especies. Góngora no frecuenta según él el uso del hipérbaton sino una disposición elegante de voces que llaman colocación, estructura genuina del lenguaje latino y que en poesía es "lenguaje común". Cita como ilustración los que él llama "bellísimos versos":

> El manso de los céfiros ruido...
> El denso de los árboles celaje...

que no encajan en ninguna de las cinco especies de hipérbaton. Por otra parte si esta "colocación" constituyera hipérbaton no encontraría doce en todos los poetas latinos sino millares ya que toda la poesía universal no es más que "este preciso barajar de los términos". Da muchos ejemplos para demostrar su afirmación, como éste de la *Eneida:*

> *Ille ego, qui quondam gracili modulatus avena.*
> (Yo soy aquel que en otro tiempo con rústica canté
> zampoña.)

Para Espinosa esta "colocación" —llámesela de cualquier manera— es la forma genuina y natural de la poesía y hasta el nombre de verso se derivó de este revolver los términos, invertir el estilo y entreverar las voces. Esta inversión de las palabras, siendo lo natural en poesía, en vez de tropo es alcurnia.

Reconoce que este lenguaje es más propio de la poesía latina que de la castellana pero no se debe criticar a un poeta porque trata de hacer progresar su lengua. Por algo el estilo literario es superior a la lengua rústica. Hay que aprovechar esta "colocación" latina, hay que mezclarla, variarla y repartirla en castellano, sin igualar exactamente el verso castellano con el latino, que sería gran afectación.

Góngora conoce el proceso de adaptación. No se mete a

---

⁷ *Apologético*, 92.

lo más escabroso de la construcción latina, no sigue a Virgilio en

> *Tityre tu patulae recubans sub tegmine fagi...*
> (Oh, Títiro, tú de la coposa recostado debajo del toldo haya.)

sino que se aprovecha de ella para dar al estilo "un temple suave, una moderación apacible", lo cual es una empresa difícil en la cual muchos habían fracasado antes. Aquellos que no han visto la dificultad inherente a esta adaptación y la capacidad del idioma español para llegar por fin a efectuarla son los que condenan neciamente a Góngora.

Espinosa Medrano se apoya en Ambrosio de Morales para aplaudir la "proeza valiente, audacia loable, hazaña heroica" de Góngora al trasladar al español las formas latinas y establece con criterio moderno la necesidad absoluta de la evolución estilística y de la diferenciación entre lengua literaria y lengua vulgar.

Espinosa y Medrano adopta aquí una actitud estrictamente estética. Agrega que Góngora no inventó las transposiciones sino la senda de conseguirlas, su buen parecer y hermosura; que Góngora sacó la elocuencia castellana "de los rincones de su hispanismo, hízola de corta sublime, de balbuciente facunda, de estéril opulenta, de encogida audaz, de bárbara culta".[8]

Los poetas anteriores a Góngora —Gómez Manrique, Mena— usaron el hipérbaton con mucha moderación lo cual cuadra bien con la cortedad de su vuelo. No fué pues Góngora el que inventó el hipérbaton en castellano sino el que "primero habilitó al castellano a gozar con igualdad de sus colocaciones con el latín". Antes de Góngora el hipérbaton sólo fué una figura.

Arrastrado por su admiración, Espinosa Medrano elogia a Góngora de tal manera que pronto le proclama superior a sus maestros latinos. Así, hablando del *Polifemo* dice:

> El [argumento] del *Polifemo*, escribieron Homero en su *Odisea*, Virgilio en su *Eneida*, y Ovidio en sus *Metamor-*

[8] *Apologético*, 107.

fosis, pero ¿quién llegó a la eminencia de la musa castellana de don Luis?[9]

Las cualidades más altas de Góngora son "la pompa de la frase, el caudal de conceptos vivísimos, y aquello crespo, del impetuoso torrente de su elocuencia".[10]

Es típico de los españoles este estilo brioso, galante, sonoro y arrogante, y esta manera se pone de manifiesto desde la época de Augusto César en la literatura latina. La literatura romana aprendió de los poetas cordobeses "lo culto, lo sonoro, lo peregrino", y si hoy Góngora imita de los latinos "lo crespo y bizarro de su decir", bien está, ya que ellos lo tomaron de los españoles.

Pasemos ahora a considerar el asunto de las metáforas. Critica Faria a Góngora el que para decir "cera y miel" haga uso de esta figura:

En ruecas de oro rayos del sol hilan...

Para justificar esta metáfora, Espinosa Medrano nos recuerda que la poesía del cordobés florece en formas muy distantes del habla vulgar y plebeya. Usa Góngora el vocablo peregrino, es decir, extraño, translaticio, fingido, figural, remoto. Sus frases son "remotas de la vulgaridad, y plebeyismo", y esto es lo que "sublima" su lenguaje.

En otras palabras, lo que nos dice Espinosa es que la poesía necesita de un estilo metafórico, alejado del habla común, y que Góngora en su lenguaje poético cumple con este mandato. Existe, sin embargo, el peligro de que con un estilo alegórico de términos remotos y peregrinos se pueda oscurecer el sentido, pero Góngora, siendo un gran poeta, usa estas formas, no por extrañas, sino por simbólicas, figurales, cumpliendo así un alto deber poético y dejando abierto el camino al entendimiento de sus metáforas, como es evidente en

y en ruecas de oro rayos del sol hilan.

---
[9] *Apologético*, 113.
[10] *Ibid.*, 113.

¿Cómo criticar a Virgilio cuando, para significar la navegación difícil, escribe

Lento lactamur marmore tonsae...?
(Luchan en tardío mármol las tresquiladas.)

¿Por qué criticar a Góngora sus bellas imágenes? El que la cera se llame ruecas de oro es "elegante y clarísima translación, por el color y el oficio en la colmena". El llamar a la miel "rayos del sol" ¿es oscuro? Virgilio la llamó "aerii mellis caelestia dona" (etérea, dádiva celeste).

Faria reconoce que Góngora tenía sus méritos pero cree que la lujuria de su ingenio y la falta de fuerzas le impidieron dar fin a sus obras principales: *Las Soledades*, el *Panegírico*.

El *Lunarejo* sostiene que si Góngora no dió fin a esos poemas indica sólo poca ambición de dar a la prensa sus escritos y falta de mecenas que le alentara. Pero aun aceptando el juicio de Faria, eso no acabado que dejó Góngora es mucho mejor que lo concluído de muchos otros poetas, pues "lo grande no está en lo mucho" y "nunca es poco lo bueno".

Faria dice también que *El Polifemo*, aunque acabado, tiene poquísima traza, lo cual niega Espinosa manteniendo que todo esto es relativo; y depende del punto de vista de la comparación. Bastó que Góngora hiciera un poema que nadie ha igualado, y si su propio genio lo pudo superar, como no se ha visto, no se debe hablar de ello. ¿Trataron el tema de Polifemo mejor que Góngora los griegos y latinos? Teócrito cantó los amores de Polifemo pero en forma tan inferior a la de Góngora que la comparación es injusta. Ovidio escribió sobre el mismo asunto en sus *Metamorfosis* y a pesar de la perfección de su poema Góngora le supera porque a las cualidades del poeta latino añade el cordobés las suyas propias.

Espinosa, haciendo derroche de erudición, trata de demostrar que Faria no sabe bastante latín para meterse a pontificar en estas materias y da rienda suelta a su ironía al analizar algunas etimologías erradas del portugués. Le concede, sin embargo, méritos de historiador, que es otra cosa, porque "es más fácil ser buen historiador que poeta". Y sarcásticamente escribe: "cualquier juicio desnudo de pie y pierna sobra para narrar con agrado; mas no cualquier voz basta para cantar con delicias".[11]

Faria ataca a Góngora, molesto por las comparaciones que hicieron algunos críticos de Camoens y el español, y para ensalzar al gran vate portugués abate al autor de las *Soledades*. Espinosa acepta la diferencia entre ambos en cuanto se refiere a los géneros que cultivan, pues uno es épico y el otro lírico. Tan ajena es la comparación que "dijéramos que de Camoens y de Góngora el mejor escritor es fray Luis de Granada, que enseña lo que importa y escribe lo que nos está mejor".[12] Para Espinosa es, pues, imposible la comparación entre lo épico del uno y lo lírico del otro, aunque en las composiciones eróticas y líricas en que ambos coinciden él prefiere al cordobés.

No seguiremos al *Lunarejo* en los falsos silogismos que usa para desprestigiar a Faria ni en el exceso de barroca erudición de que hace gala. Bien defendido queda Góngora y bien maltratado Faria en este ensayo, valioso desde el punto de vista histórico y de rara intuición estética.

Menéndez y Pelayo llama a este *Panegírico* "la mayor y más ingeniosa poética culterana". La califica de muy docta y muy aguda, pero aplicada "a una causa pésima y detestable" y se extraña de que "el Dr. Espinosa Medrano, que conocía tan bien la literatura clásica, que escribía por lo general con tanta claridad y llaneza y mostraba tan buen sentido en la crítica de las aberraciones en que incurrió Manuel de Faria y Sousa en su comentario a Camoens, gastase míseramente tales dotes en componer un *Apologético* del *Polifemo* y de *Las Soledades* de Góngora".[13]

Sería salirse de la cuestión el rebatir las opiniones de Menéndez y Pelayo sobre Góngora; para nuestro propósito nos basta con que llame al *Apologético* la mejor y más ingeniosa poética culterana, evidentemente de su tiempo y en lengua española.

[11] *Apologético*, 174.
[12] *Apologético*, 178.
[13] *Antología de poetas hispanoamericanos*, CCVII.

IV

LAS TEORÍAS POÉTICAS DE POE Y EL CASO DE JOSÉ ASUNCIÓN SILVA

A pesar de que Edgar Allan Poe es un poeta bastante limitado, su influencia sobre algunos grandes poetas franceses e hispanoamericanos es tan manifiesta que de vez en cuando es necesario volver a la lectura de su obra para aclarar algunos puntos relacionados con el método de creación poética. ¿En qué consiste la influencia del autor de *El Cuervo* sobre poetas a todas luces superiores a él? T. S. Eliot en un ensayo bastante sutil trata de elucidar este asunto en los casos de Baudelaire, Mallarmé y Valéry.[1] Eliot se pregunta: ¿qué elementos —que nosotros no vemos— hallaron estos tres grandes poetas franceses, dignos de admiración en la obra de Poe? Su propia respuesta nos señala una categoría estética que no por ser elemental deja de ser básica: los tres poetas franceses no sabían bastante inglés para comprender de manera perfecta la poesía de Poe y vieron en ella algo que no estaba ahí, algo que residía sólo en el fondo de sus propias mentes. Baudelaire transforma la prosa descuidada de Poe en admirable prosa francesa; Mallarmé hace lo propio con algunos de los poemas de Poe. Sin embargo, el hecho de que Baudelaire, Mallarmé y Valéry exageren el valor de Poe a causa de su conocimiento imperfecto del idioma inglés es un punto de vista que sólo se refiere a la técnica literaria y es en buenas cuentas un punto negativo. Lo importante no es esto sino explicar la alta idea que estos franceses tienen del pensamiento de Poe, de sus trabajos filosóficos y críticos.

Eliot explica este asunto de la manera siguiente: Baudelaire vió en Poe el prototipo del *poète maudit*, encarnado en Verlaine, Rimbaud y en el mismo Baudelaire. Baudelaire se anticipa a Valéry al observar que en Poe el propósito de la poesía es de la misma naturaleza que su esencia y que no debe pretender otra cosa que ser poesía, con lo cual nos encontra-

---

[1] T. S. Eliot, *From Poe to Valéry*, Washington, 1949.

mos en el terreno de la poesía pura en que el poema no *dice algo* sino que *es algo*. Mallarmé parece interesarse sólo en la técnica del verso; a su vez Valéry no se preocupa ni del hombre Poe ni de su poesía, lo que le preocupa es *la teoría* de la poesía, recordando siempre que para él la poesía de Poe es inseparable de su teoría poética.

En la evolución constante de la poesía, el poeta adquiere una mayor conciencia del idioma poético, lo que por fin le lleva al concepto de la poesía pura. En la teoría crítica de Valéry más importante que la materia poética es la obra misma, lo que equivale a decir que el tema existe para el poema y no el poema para el tema; por consiguiente, no tiene sentido el preguntar: ¿cuál es el tema de esta poesía? De la unión de varios temas aparece, no otro tema sino *el poema*. Valéry, filósofo escéptico y exagerado crítico de sí mismo, no cree en ningún fin, ni siquiera en el fin artístico, y lo único que le interesa es *el proceso creador*, es decir, la observación introspectiva de sí mismo al tiempo de escribir el poema. Según Eliot, Valéry lleva a su último desarrollo dos procesos poeanos: *1)* el poema no debe ser sino poema; *2)* la composición del poema debe ser absolutamente consciente y deliberada; el poeta debe observarse durante el acto de la creación. Esto le lleva a la conclusión de que el acto de la composición es aun más interesante que el poema que de él resulta. Para Poe la materia poética tiene poca significación, lo importante es el método de elaboración; se aproxima, por lo tanto, al concepto de la poesía pura.

Según Eliot, Poe y Valéry no *creen* en teorías sino que *mantienen* teorías. La mente inmatura de Poe juega con ideas porque no ha llegado a la convicción, en tanto que la mente plenamente adulta de Valéry juega con ideas porque es demasiado escéptica para tener convicciones. *The Philosophy of Composition* —cualquiera que sea su valor— ofrece a Valéry un método y una ocupación: la observación de sí mismo al escribir, la introspección crítica.

Ahora, cambiemos de escenario. Baudelaire, Mallarmé y Valéry ejercen una influencia considerable en la poesía hispanoamericana del modernismo que se desarrolla entre 1888 y 1915, y del postmodernismo que va en líneas generales de

1918 a 1940. Estas escuelas han producido lo que más se aproxima al concepto de poesía pura en lengua castellana. Los poetas de estas escuelas son extremadamente sensibles a lo que se ha llamado conciencia poética, a la constante observación del proceso creador y al cultivo del estilo poético. Podemos asegurar con certeza que dos poetas del modernismo, Asunción Silva y Rubén Darío, conocían la poesía de Poe y sus teorías poéticas.[2] En este punto el estudio se complica un tanto, pues ambos poetas fueron devotos de Baudelaire y Mallarmé y sería difícil determinar cuál es la fuente exacta de sus teorías y de sus innovaciones; ambos leían inglés con facilidad pero la poesía simbolista y parnasiana no tenía misterios para ellos. De todos modos, lo importante en nuestro problema no es determinar la fuente directa sino ver de qué modo la obra y la teoría poética de Poe influyen en su proceso creador. Para simplificar nuestra labor vamos a escoger sólo un poeta, José Asunción Silva; reseñaremos los puntos básicos de *Philosophy of Composition* de Poe con el propósito de observar cómo afecta la obra poética del autor del *Nocturno*, a quien consideramos cronológicamente como el primer modernista de nuestro continente.

El ensayo titulado *Philosophy of Composition* es un análisis del sistema de composición de *El Cuervo* hecho en forma casi científica. Recuerda Poe los pasos progresivos en la elaboración de *El Cuervo* y este proceso analítico es para él enteramente independiente de todo interés real o imaginado en el poema mismo. El movimiento creador procede en el poema punto por punto con la precisión de un problema matemático, sin que ningún elemento sea debido a accidente o a la intuición. Empieza el análisis con la intención de escribir un poema que agrade al mismo tiempo el gusto popular y el gusto crítico. En primer lugar el poema debe ser breve, como para ser leído de una sentada; el propósito del poema es el de excitar intensamente el alma elevándola. Toda excitación intensa debe ser, por una necesidad psíquica, breve; esta breve-

---

[2] La influencia de Edgar Allan Poe sobre Silva y Rubén Darío ha sido mencionada por algunos críticos que se han preocupado de estos poetas. En su libro *Edgar Allan Poe in Hispanic Literature,* Nueva York, 1934, John Englekirk ofrece un buen resumen de estas referencias.

dad de la composición debe estar en razón directa con la intensidad del efecto deseado. En el caso de *El Cuervo* el largo debe ser de unos cien versos, teniendo en cuenta el grado de excitación ni superior al gusto popular ni inferior al gusto crítico. La segunda consideración se refiere a la selección de una impresión que comunicar al lector, teniendo en cuenta el propósito de mantener la obra a un nivel de universalidad. El único dominio legítimo del poema es la Belleza. En la contemplación de lo bello se encuentra —según Poe— ese placer que es al mismo tiempo más intenso, más puro y más sublime. Cuando se habla de Belleza no se refiere uno a una cualidad sino a un efecto, en resumen, sólo a esa intensa y pura elevación del alma —no del intelecto ni del corazón— que se experimenta como consecuencia de la contemplación de la Belleza. Esta elevación del alma se logra más fácilmente en el poema. La Verdad, o sea la satisfacción del intelecto, y la Pasión, o sea la excitación del corazón, se logran con mucha más facilidad en prosa. Considerando que la Belleza es el dominio de la poesía, el punto siguiente se refiere al *tono* de su manifestación más alta; todas las experiencias demuestran que este tono es el de la tristeza. La Belleza en su desarrollo supremo invariablemente excita al alma sensitiva al llanto: la melancolía es así el más legítimo de los tonos poéticos. Habiendo determinado la longitud, el dominio y el tono del poema, Poe echa mano del estribillo como centro de rotación de éste; lo introduce en *El Cuervo*, mejorándolo, pues hasta entonces el estribillo dependía de la fuerza de lo monótono, tanto en sonido como en pensamiento. Poe decide dar diversidad al estribillo, dándole así más intensidad, *dejando* en general la *monotonía del sonido* y variando continuamente la del *pensamiento;* su teoría consiste en producir efectos nuevos variando la *aplicación* del estribillo. Poe se fija luego en la *naturaleza* del estribillo, que para prestarse mejor a la variación debe ser breve, si fuera posible, una sola palabra. Ahora ¿cuál debe ser el carácter de esa palabra? Habiendo elegido como recurso estético el estribillo, lo justo es dividir el poema en estrofas y *terminarlas con el estribillo;* es evidente que tal terminación, para tener vigor, debe ser sonora y susceptible de énfasis demorado; estas consideraciones le hacen pensar en la *o* larga, la vocal más sonora, en conjunción con la *r*, la consonante de más fácil prolongación. Ya ha logrado el sonido del estribillo; ahora tiene que encontrar la palabra que lo contenga y que esté en consonancia con el tono melancólico del poema: la primera que se presenta es la palabra *Nevermore*. La repetición constante de esta palabra contiene cierto elemento *irracional*, más propio de un animal que de un ser humano; de aquí que Poe piense en un cuervo, que por lo demás ofrece el elemento *misterio*.

Poe se pregunta luego: de todos los temas melancólicos ¿cuál, según el consenso universal, es el más melancólico? Su respuesta es: el de la Muerte. Y continúa: ¿Y cuándo es el tema de la Muerte más poético? Vuelve a contestar: cuando se une más estrechamente a la Belleza. De esto deduce que la *muerte de una mujer hermosa* es incuestionablemente el tema más poético del mundo y que el *amante angustiado* es indudablemente el mejor intérprete de tal tema.

El proceso poeano consiste en intensificar el significado de la palabra *Nevermore*, llevándola del lugar común a la atmósfera del misterio y de la angustia. Por lo que se refiere a la versificación Poe se preocupa antes que nada de ser original; reconoce la dificultad de innovar en materia de ritmo, pero observa que las variaciones de metro y estrofa son infinitas. El ritmo de *El Cuervo* es trocaico; el metro, octosílabo acataléctico alternando con heptasílabo cataléctico repetido en el estribillo del quinto verso y terminando en tetrasílabo cataléctico; en otras palabras, el pie trocaico se compone de una sílaba larga seguida de una corta. La combinación de estas formas tradicionales en una estrofa da su originalidad a la forma en conjunción con algunos efectos nuevos derivados de la extensión de la aplicación de los principios del ritmo y la aliteración.

También se preocupa Poe del local en que se juntan el amante y el cuervo. A primera vista —dice— parecería que el local apropiado debiera ser una *selva*, o el campo, pero, por razones que aquí no tienen importancia, se elige un recinto cerrado, una cámara, sagrada para él por los recuerdos que allí dejara la mujer amada... y muerta, que visitó en un tiempo ese recinto. Las cortinas de esta cámara son de púrpura, los cojines están forrados de terciopelo de color violeta. Por fin, Poe introduce en su poema un soplo de lo fantástico que luego abandona por el tono de una profunda seriedad. La última y trascendental pregunta del amante es si volverá a encontrar a la mujer amada en otro mundo.

Veamos ahora cómo la teoría estética de Poe actúa sobre la poesía de José Asunción Silva. Notamos en primer lugar que en Silva lo más importante es *el poema* y no sus partes constituyentes tales como forma métrica, ritmo, tema; el poema no debe ser sino poema. La composición es para Silva, sin embargo, absolutamente consciente y deliberada, lo cual es innegable en poemas como *Nocturno* y *Día de difuntos*. Estas dos composiciones —tomadas aquí como ejemplos por ser las más conocidas del autor— cumplen con todos los requisitos del poema arquetipo de Poe. Ambas son breves, es decir, que pueden ser leídas de una sentada, manteniendo así la unidad y la intensidad del tono poético; el propósito de estos dos poemas es el de excitar intensamente el alma, elevándola; el grado de excitación no está por encima del gusto popular ni por debajo del gusto crítico; el poeta ha elegido un efecto que comunicar al lector, cuidando de mantener un nivel de universalidad. Silva no se interesa en este poema por la Verdad ni por la Pasión, sino por la Belleza, como una intensa y pura elevación del alma.

Todos los poemas de Silva están sumergidos en una atmósfera de tristeza, la manifestación más alta de la Belleza, según Poe; Silva se aprovecha del más legítimo de los tonos poéticos: la melancolía. Habiendo establecido estas tres bases fundamentales —duración del poema, su provincia, su tono—, Silva se preocupa del efecto central en la estructura del poema y llega, también, a la solución del estribillo:

> las campanas plañideras
> que les hablan a los vivos
> de los muertos...
> *(Día de difuntos)*

> Una noche,
> esta noche,
> esa noche.
> *(Nocturno)*

El estribillo pasa a ser simple repetición —o paralelismo— que no va, necesariamente, al fin de la estrofa:

> y eran una,
> y eran una,
> y eran una sola sombra larga...
> *(Nocturno)*

Estas repeticiones son manejadas por Silva con la misma pericia técnica que revela Poe en su *Nevermore;* mantiene el poeta colombiano la monotonía del sonido, pero introduce variaciones en la identidad del pensamiento. Cuando leemos por primera vez

> y eran una sola sombra larga...

constatamos un hecho descriptivo, como si el poeta nos dijera: las dos sombras unidas se confunden en una sola; pero en las segunda y tercera repeticiones estamos frente a un proceso consciente y deliberado de creación artística en que el poeta se esfuerza por crear un ambiente especial y por hacer más intensa la sensación de compenetración psicológica. Lo mismo puede decirse de la frase *iba sola*, que en su primera aparición tiene el valor del hecho descriptivo: "mi sombra iba sola"; mas luego se transforma en fórmula estética que aísla el sentimiento de soledad.

Las repeticiones del *Nocturno* se van orientando hacia un apogeo emotivo, produciendo efectos nuevos y profundos:

—Oh, las sombras de los cuerpos que se juntan con las sombras
[de las almas!
¡Oh, las sombras que se buscan en las noches de tristezas y de
[lágrimas!

Hemos visto que, según Poe, la Muerte constituye el motivo más melancólico para el hombre; ahora bien, este asunto debe convertirse en arte, en poesía, debe combinarse con la Belleza; como la suprema Belleza reside en la mujer, el sentimiento poético más profundo es el que siente el poeta ante la muerte de la mujer amada. Observemos que el sentimiento de la Muerte es frecuente en la poesía de Silva. De los cincuenta poemas de Silva que aparecen en la *Antología* del señor Carlos García Prada,[3] quince tratan de la Muerte y cuatro lamentan la muerte de una mujer amada; de éstos, el más importante es el *Nocturno* dedicado a la memoria de su hermana Elvira, mujer bellísima muerta en plena juventud. ¿Qué cosa más lógica y natural que este poeta —romántico apasionado y conocedor de la teoría poética de Poe—[4] transponga su sentimiento y, en vez de recordar un afecto fraternal, dé a su poema un clima amoroso? El no ver esta transposición indica, o incapacidad crítica, o una concepción realista de la poesía. Silva aspira a ser el *amante angustiado:* en el *nocturno* originalmente intitulado *Ronda* lamenta otra vez la muerte de una mujer en una composición de profundo sentido estético; es éste un poema dividido en tres momentos emotivos en que la palabra *reseda* tiene un maravilloso efecto de evocación variable; en la primera estrofa recuerda el poeta la primera noche de amor en una *selva* ("en aquel sitio el musgo tiene olor de reseda"); en la segunda, una escena de amor sensual y melancólico, en *señorial alcoba* ("tus frescuras de niña y tu olor de reseda"); en la tercera y última, recuerda la noche trágica de su *muerte* ("perfumaba la atmósfera un olor de reseda").

Echemos ahora una mirada al proceso de la versificación. Anotemos de nuevo el hecho de que Silva siempre trata de ser original tanto en ritmo como en las combinaciones de estrofas y de metro. Recordemos que *El Cuervo* está escrito en pies trocaicos y en una combinación de octosílabos acatalécticos, es decir, que terminan en pie completo, y de heptasílabos catalécticos, o de pie incompleto, repetido en el estribillo del

---

[3] José Asunción Silva, *Prosas y versos,* ed. Carlos García Prada, México, 1942.

[4] Sobre este tema consúltese R. A. Esténger, "José Asunción Silva," *Cuba contemporánea,* mayo, 1920, y Muna Lee, "Brother of Poe," *Southwest Review,* July, 1926.

quinto verso, y con terminación en tetrasílabo cataléctico. Se logra así la combinación de una sílaba larga y una corta. En el *Nocturno* de Silva encontramos el pie de cuatro sílabas:

una noche
una noche — toda llena — de murmullos — de perfumes — y de
[músicas — de alas

que, comparado con *El Cuervo,* nos da la igualdad de ritmo y metro:

once upon a — midnight dreary — while I pondered — weak
[and weary.

El señor B. Sanín Cano,[5] citando a Silva, sostiene que el paradigma del metro del *Nocturno* se halla en la fábula de Iriarte, que dice:

a una mona
muy taimada
dijo un día
cierta urraca.

Pero su fino espíritu crítico le lleva a observar lo siguiente: "En el *Nocturno* hay una feliz tendencia a hacer desaparecer en cada cuatro sílabas el acento de la primera, segunda y cuarta, y a afirmarlo en la tercera, lo que en realidad le da al metro una apariencia de novedad, porque no parece que se tratara de dos troqueos, sino de un verdadero pie griego de cuatro sílabas, cosa que, en rigurosa métrica romance, ya no existe."[6] Con lo cual el crítico colombiano no hace sino negar la validez del paradigma español y reforzar nuestra creencia de que el verdadero modelo técnico del *Nocturno* es *El Cuervo* de Poe.

Como escenario de su poema, Poe pensó primero en una selva, o campo, y luego cambió de opinión.[7] Silva, a su vez, pensó que el escenario lógico de uno de sus *Nocturnos* debía

[5] José Asunción Silva, *Poesías*. Estudio de Baldomero Sanín Cano, Santiago de Chile, 1923.
[6] *Ibid.,* p. 13.
[7] Véase *Philosophy of Composition*.

ser una senda en una llanura solitaria,[8] y de otro "una selva negra y mística".[9] Poe se decide por un lugar distinto: "un recinto cerrado, una cámara sagrada para él por el recuerdo de la mujer amada",[10] amada y muerta, y que había visitado en un tiempo esa alcoba. Esta cámara debe estar ricamente adornada de tapices, de seda y terciopelo. Este escenario lo encontramos en el segundo *Nocturno* de Silva en forma de "señorial alcoba do la tapicería amortiguaba el ruido con sus hilos espesos"; el poeta se acuerda de las noches dulces pasadas en esta alcoba, y se acuerda, después, del ataúd heráldico que yacía más tarde en el salón, del crucifijo pálido y de la llama de los cirios.

Se nota un positivo paralelismo entre el proceso creador de *El Cuervo* y del *Nocturno*. Poe empieza con una introducción narrativa, introduce luego un ambiente de misterio e imaginación y lo abandona pronto por un clima filosófico. La última interrogación del amante angustiado de *El Cuervo* se refiere a la posibilidad de encontrar a la mujer amada en otro mundo. En el *Nocturno*, Silva nos cuenta sus paseos con la mujer amada por la senda florecida; luego, su paseo solitario después de la muerte de ella; nos da la sensación "del infinito negro donde nuestra voz no alcanza"; nos revela una especie de aceptación filosófica de la fatalidad y, por fin, nos presenta la gran incógnita de las sombras que se buscan más allá de la vida.

Nos parece, pues, innegable que Silva tuvo presente al escribir su *Nocturno* el ensayo *Philosophy of Composition* de Poe y nuestro propósito ha sido demostrarlo en el presente estudio.

---

[8] Véase *Nocturno*.

[9] Conocido también con el nombre de *Ronda*. Sobre este punto afirma Alberto Miramón, *José Asunción Silva*, Bogotá, 1937, p. 107: "Erróneamente se ha dado el nombre de *Nocturnos* a algunas otras poesías ·de Silva que él clasificó entre sus *Gotas amargas* o bautizó con otro nombre. La poesía de donde el autor de *El Modernismo y los poetas modernistas* [R. Blanco Fombona] saca la cita: " 'Tu boca que fué mía', como si el poeta hiciera referencia a su hermana, la había escrito Silva el 22 de diciembre de 1889, es decir, casi tres años antes de la muerte de Elvira. Y por el original facsímil que publicó la revista *Universidad*, se ve, sin lugar a dudas, que el nombre que el autor le puso fué *Ronda* y no *Nocturno*."

[10] Véase *Philosophy of Composition*.

V

"LOS RAROS"

La primera edición de *Los Raros* fué publicada en Buenos Aires en 1896. El libro trae una nota de introducción de Rubén Darío, suscrita en la Capilla del Monte, 3 de octubre del año 1896, en la cual el poeta agradece a Ángel Estrada y a Miguel Escalada por "haber ido a sacar del bosque espeso de 'La Nación' *Los Raros*". En efecto, todos estos ensayos fueron publicados en "La Nación" entre 1893 y 1896. El capítulo sobre Jean Moréas está firmado en París en 1893; el titulado *Augusto de Armas* lamenta la muerte del joven poeta cubano acaecida el 22 de julio de 1893; el que versa sobre Verlaine fué escrito a raíz de su muerte el 10 de enero de 1896.

Los Raros es un libro de básica importancia en el estudio de la formación del genio literario de Darío. Casi todos los nombres de su índice son de poetas y prosistas franceses de su tiempo, lo cual señala positivamente sus lecturas y sus preferencias estéticas. La lista de los escritores estudiados es ésta: Leconte de Lisle, Verlaine, Villiers de L'Isle Adam, Léon Bloy, Jean Richepin, Jean Moréas, Rachilde, Théodore Hannon, Lautréamont, d'Esparbès, Laurent Tailhade, Edouard Dubus. Hay también ensayos acerca de Max Nordau, Augusto de Armas, Fra Doménico Cavalca, Edgar Allan Poe, Ibsen, José Martí y Eugenio de Castro.

A todos estos escritores los clasifica Darío bajo el dictamen de "raros", pero convendría eliminar de esta clasificación a Nordau, a Martí y a Eugenio de Castro. Los demás fueron "raros", ya sea por su arte o por su vida, aunque algunos hayan dejado de serlo ante nuestro juicio contemporáneo.

Estos "raros" pueden ser considerados como los primeros guías estéticos del poeta nicaragüense. Algunos —Leconte de Lisle, Verlaine— eran viejos amigos cuya influencia se había revelado ya en *Azul* (1888). De Verlaine había aprendido una buena cantidad de recursos técnicos; como él, sintió Darío la necesidad de recrear un mundo pagano en una época de materialismo práctico; como él, sintió el mandato de la expresión musical, "el imperio musical"; como él, advirtió la maravilla del matiz. De Leconte de Lisle saca Darío nuevos motivos de admiración por la belleza griega y de desdén por la barbarie moderna. Darío se inclina hacia una forma de poesía clásica cuando escribe, siguiendo de cerca a Leconte:

> El tema personal y sus variaciones demasiado repetidas han agotado la atención.

Darío aconseja a los jóvenes poetas el estudio y la iniciación para librarse de un lirismo sentimental y subjetivo, para el logro de una visión más realista del mundo poético. Por estas razones ya vimos en *Azul* el espectáculo de un mundo mitológico traído violentamente a una época mecánica; presenciamos los esfuerzos del poeta para crear un estilo como una categoría literaria; el uso que hace el poeta de los ritmos y de las variaciones de colores y matices, y por fin observamos el abandono del eterno *yo* de los románticos y la búsqueda de temas objetivos al modo de los clásicos.

Con *Azul* empieza la renovación de la prosa castellana y la conciencia del valor artístico de la forma. Se produce en este libro el raro fenómeno de una inversión del orden natural, pues mientras que la prosa evoluciona de manera enfática y consciente, la poesía se mantiene fiel a fórmulas tradicionales. Para nuestros propósitos tenemos que considerar la prosa de *Azul* como prosa poética y señalar en su vocabulario escogido, su ritmo, sus metáforas, su aspecto decorativo, la génesis de una renovación estilística, tanto en prosa como en verso.

En *Los Raros* la evolución del estilo poético adquiere forma de proceso creador razonado. Dejaremos para otro ensayo las observaciones que hemos hecho acerca de los escritores estudiados a través del libro. Por ahora nos vamos a referir a la cultura literaria de Darío, según se desprende de la cita de poetas, prosistas, críticos, filósofos, músicos y pintores. El autor predilecto de Rubén Darío continúa siendo Víctor Hugo a quien cita unas veinticuatro veces en *Los Raros* y a quien llama César literario, Carlomagno de la lira, etc. Luego vienen Verlaine y Baudelaire, citados unas dieciocho veces cada uno; siguen: Catullè Mendes, doce veces; el crítico León Bloy, doce veces; Mallarmé, diez veces; Theo Gautier, cinco veces; Barbey d'Aurevilly, cinco veces; Anatole France, cinco veces; Moréas, cinco veces; Ronsard, siete veces; Zola, seis veces. Entre los escritores franceses citados menos frecuentemente figuran: Balzac (1), Banville (3), Paul Adam (2), Claude Bernard (3), Corneille (1), Coppée (3), Corbière (2), Chénier (2), Du Plessis (1), Diderot (1), Deschamps (1), Dierx (1), Dumas, hijo, (1), Dumas, padre, (1), Flaubert (1), Goncourt (2), Hérédia (3), Rémy de Gourmont (2), Guyau (4), Huysmans (3), Lamennais (1), Lesage (2), Leconte de Lisle (4), Jean Lorrain (1), Lafontaine (1), Lamartine (2), Laujol (2), Loti (1), Michelet (1), Morice (1), Musset (1), Maeterlinck (4), Molière (3), Pascal (1), Péladan (2), Rabelais (2), Rachilde (1), Racine (1), Renan (1), Rimbaud (1), Sainte Beuve (1), Saint Simon (1), Stendhal (1), Stuart Merrill (3), Tailhade (4), Villon (3), Viélé Griffin (3) y Voltaire (1).

Entre los escritores de lengua inglesa el nombre que hallamos más a menudo es el de Edgar Allan Poe (11); luego viene el de Shakespeare (9). Siguen: Byron (1), Rossetti (5), Swinburne (4), Dickens (1), Franklin (1), Burne Jones (1), Keats (2), Longfellow (1), de Quincey (1), Scott (1), Swift (2), Arthur Symons (2) y Thackeray (1).

Entre los italianos figuran: Dante (3), d'Annunzio (4), Alfieri (1), de Amicis (1), Carducci (1), Leopardi (1), Lombroso (3), Vittorio Pica (1), Alejandro Parodi (2), Tasso (1) y J. de Todi (2). Entre los autores clásicos aparecen: Aristófanes (1), Anacreonte (1), Cicerón (1), Eurípides (1), Homero (3), Lucrecio (1), Pitágoras (1), Platón (2), Píndaro (4), Safo (1), Sócrates (1), Sófocles (2). Entre los españoles: Campoamor (1), Clarín (1), Galdós (2), Marchena (1), Menéndez y Pelayo (1), Núñez de Arce (1), Quevedo (2), Saavedra Fajardo (1). Entre los hispanoamericanos: Bonafoux (1), del Casal (1), Leopoldo Díaz (2), Gómez Carrillo (2), Paul Groussac (2) y Sarmiento (2).

Aparecen también en *Los Raros* nombres alemanes: Goethe (1), Heine (5), Kant (1), Hegel (1), Richter (1); nombres rusos: Tolstoi (2), Turgenev (1). Por fin hay que señalar al sueco Jonas Lie, discípulo de Verlaine; al rey Luis de Baviera; al crítico austríaco Max Nordau y a Ruisbrock "el Admirable". Entre los pintores notamos la presencia de Botticelli, Corot, Granet, Gauguin, Ribera, Félicien Rops, Tintoretto, Velázquez, y entre los músicos la solitaria figura de Wagner.

Éstos nombres podrían servirnos como un índice de las lecturas y de las simpatías estéticas de Darío entre 1893 y 1896; índice incompleto, claro está, ya que la orientación de cada ensayo determina nombres afines a su materia. Como casi todo el libro está dedicado a escritores franceses, lógico será encontrar entre las citas un número mayor de nombres galos. Por otro lado, esta predilección por la literatura francesa señala un momento cultural constante y definitivo. Las lecturas favoritas de Darío eran por aquellos días los poemas de Hugo, Verlaine, Baudelaire, Mallarmé, Gautier, Ronsard y Villon; el índice de *Los Raros* nos da una guía más completa de sus predilecciones y de sus lecturas. Hay que observar también que Darío no ignora a los clásicos franceses, a los enciclopedistas, a los románticos, a los filósofos clásicos y modernos.

Lo que realmente sorprende es su conocimiento de la literatura de lengua inglesa. Ya en la segunda edición de *Azul* (Guatemala, 1889) hay un soneto dedicado a Walt Whitman. Parece que Darío empezó a estudiar inglés en Chile, de modo que en su primera visita a Nueva York puede leer la obra de Poe con provecho. También había demostrado ya en *Azul* su afición por Shakespeare (véase *El Velo de la Reina Mab*). Más revelador es el hecho de que conociera a los prerrafaelitas ingleses en el original. Ya José Asunción Silva había frecuentado el trato de los autores de esta escuela (véase su novela *De Sobremesa*), pero puede asegurarse que casi todos ellos seguían siendo desconocidos para los intelectuales de España y de América. Rossetti y Swinburne, los dos grandes renovadores de la poesía inglesa en la segunda mitad del siglo XIX, son sus poetas predilectos. Sus lecturas inglesas eran caprichosas, se nota en ellas falta de sistema y de continuidad y el desconocimiento de los poetas clásicos.

Su familiaridad con la literatura italiana es muy relativa. Conocía bastante bien a d'Annunzio, a quien siguió leyendo toda su vida; admiraba a Dante y esa admiración se hizo más profunda con el correr de los años; empezaba a descubrir a Leopardi y a Carducci.

De gran valor para comprender su preparación clásica son las referencias a Homero, Píndaro, Anacreonte, Safo, Eurípides, Sófocles, Platón, Pitágoras y Sócrates; poetas líricos y épicos, dramaturgos y filósofos que ejercieron una influencia básica en la formación espiritual de Darío; nombres a los cuales hay que volver continuamente para desentrañar las primeras manifestaciones de su esencia creadora. Se observa también en *Azul* cómo se deja seducir Darío por la mitología griega. Ahora le vemos profundizar sus conocimientos en este tema; el maravilloso mundo mitológico adquiere en su cerebro intensidad de cosa real; los héroes homéricos son sus amigos; los dioses del Olimpo le dan su visión poética de la vida; se deja guiar por el culto platónico y por el idealismo de la belleza pura; con Pitágoras se eleva a una zona ideal en que su concepto del mundo está concebido en fórmulas musicales y matemáticas.

Las referencias a nombres españoles tienen un valor muy relativo en *Los Raros*, ya que casi todo el libro está destinado a celebrar a los escritores franceses. Sabemos que Darío había leído extensamente a clásicos y primitivos castellanos y que sus preferencias iban a Santa Teresa, Quevedo, Cervantes y Góngora. El nicaragüense fué siempre respetuoso con sus contemporáneos; es evidente que admiraba a Galdós, a Menéndez y Pelayo, a Clarín, y que en un tiempo leyó con interés a Campoamor y a Núñez de Arce, pero a medida que iba conociendo mejor a los franceses estas admiraciones se iban debilitando.

Los escritores hispanoamericanos citados en *Los Raros* fueron sus amigos personales, con excepción de Sarmiento, a quien aprendió a reverenciar en la Argentina. Pocos son, en verdad, pero no se podía exigir más de un poeta en pleno proceso renovador. Esta indiferencia por los literatos de su continente hirió a algunos que no perdieron la ocasión de zaherirle; valgan los casos de Gómez Carrillo y Blanco Fombona.

Los otros autores citados en *Los Raros* —Goethe, Heine, Tolstoi, Turgenev— estaban muy en boga en esos años y no creo que señalen ninguna particularidad en la preferencia que Darío demostraba por su obra. Más reveladoras son las citas que hace Rubén de los pintores, pues ellos le dieron una infinidad de temas para sus futuros poemas. La influencia de la pintura es muy grande en los parnasianos, simbolistas y prerrafaelitas. Darío, lector devoto de estos escritores, no podía dejar de reconocer que en algunos modernos "brillaba la luz sencilla y adorable, la expresión milagrosa de las pinturas de un Botticelli". Por esta razón estudió con hondo interés a los impresionistas franceses y a los pintores del Renacimiento. Los impresionistas se expresan en fórmulas estéticas semejantes a las que usan en poesía Rossetti, Swinburne, Verlaine, Moréas, y por fin el mismo Darío.

El crítico chileno Armando Donoso afirma que *Los Raros* es uno de los libros más brillantes escritos en prosa castellana. Es probable que esta opinión sea un poco exagerada; sin embargo, *Los Raros*, además de dar a conocer a un grupo de escritores extranjeros, poetas y prosistas que pronto se iban a convertir en modelos estilísticos en nuestro continente, establece una serie de categorías estéticas e ideológicas de gran trascendencia. Puede asegurarse que el exotismo —en germen ya en *Azul*— encuentra aquí su expresión más acabada. Con Moréas, Verlaine y los prerrafaelitas vuelve Darío los ojos a la Edad Media, a "le Moyen-âge énorme et delicat"; estudia con ellos a algunos pintores y poetas primitivos, se nutre del ideal católico, rinde culto a la Virgen María, se deslumbra ante la vida y hechos de los caballeros andantes, decora sus creaciones con castillos feudales, trajes de la época, jardines, pájaros. Al leer al primitivo Fra Doménico Cavalca siente todo el encanto de los místicos, va con él a la edad del prodigio y milagro del Cristo, a la adoración de la Virgen. Y así escribe:

> El Padre mismo y la paloma blanca del Espíritu están en el resplandor del Hijo. Y la Madre, la emperatriz María, pone con su sonrisa una aurora eterna en la maravilla del Empíreo.

Hay que admirar aquí el profundo grado de penetración de este poeta americano que siente no sólo a los místicos puros, sino a todos los poetas medievales, a los Berceo, Arciprestes, Manrique, a los Villon y a los Chaucer. Recordemos la famosa "Ballade que Villon feit a la requeste de sa mere pour prier Nostre Dame":

> *Dame des cieulx, regente terrienne,*
> *Emperiere des infernaux palus,*
> *Recevez moy, vostre humble chrestienne*
> *Que comprinse soye entre vos esleuz.*

Para Villon, como para los místicos puros, la Virgen es no solamente la Reina de la Tierra y del Cielo, sino Emperatriz. La evocación de la misteriosa y pura mujer de los cuadros de pintores primitivos la encontramos en los comentarios de Darío a los poemas de Dubus. Dice:

> La aparición de Ella es semejante a una de las deliciosas visiones de Gachons, ese discípulo prestigioso de Grasset —rosa suave, violeta suave, un poniente melancólico; la mujer surge intangible; no es la Mujer, es la Apariencia; sus ojos son adoradores de los sueños; enemigos de las fuertes y furiosas luces; aman las neblinas fantásticas; buscan las lejanías en donde crece el sublime lirio de lo Imposible.

Con Dubus y con Verlaine entra Darío en el ambiente dieciochesco de caballeros galantes, marqueses rosados, pajes poetas, clavicordios, violines; en Rachilde conoce el culto demoníaco; con Moréas va de la Edad Media a Grecia, y de ahí a la India; con Hannon se inicia en extraños vicios chinos; con Léon Bloy viaja a las tierras del ideal; con Leconte de Lisle oficia ante el altar de la belleza griega; con Ibsen canta al cisne, al olímpico pájaro de nieve.

Todos estos temas literarios enriquecen la prosa hispanoamericana y por su carácter exótico e ideal exigen una nueva expresión, un estilo poético sutil, alado, misterioso, característico de la literatura que se escapa de la realidad. Éste es el estilo que Darío celebra en Martí, cuando escribe sobre el autor cubano:

su propia lengua, su órgano prodigioso lleno de innumerables registros, sus potentes coros verbales, sus trompas de oro, sus cuerdas quejosas, sus oboes sollozantes, sus flautas, sus tímpanos, sus liras, sus sistros.

Como crítico Darío discierne en el acto lo característico de un estilo y lo expresa en su más íntima esencia y en una forma de síntesis admirable; así en un párrafo nos explica cómo era la prosa de Martí:

> Aquel prosista que siempre fiel a la Castalia clásica se abrevó en ella todos los días, al propio tiempo que por su constante comunión con todo lo moderno y su saber universal y poliglota formaba su manera especial y peculiarísima, mezclando en su estilo a Saavedra Fajardo con Gautier, con Goncourt, con el que gustéis, pues de todo tiene; usando a la continua del hipérbaton inglés, lanzando a escape sus cuadrigas de metáforas, retorciendo sus espirales de figuras; pintando ya con minucia de prerrafaelita las más pequeñas hojas del paisaje, ya a manchas, a pinceladas súbitas, a golpes de espátula, dando vida a las figuras; aquel fuerte cazador hacía versos. (*Los Raros*, 210.)

Martí fué uno de los precursores de Darío en la renovación de la prosa castellana, pues ya desde 1871, año en que escribió su famoso *Presidio político en Cuba*, se aparta el gran cubano de la retórica tradicional romántica para expresarse en una forma de gran intensidad realista, de vigorosos trazos, llena de color, de ritmo y vibración.

¿Cuáles son los elementos que dan el encanto poético a la prosa de *Los Raros*? Tenemos en primer lugar un vocabulario escogido, abundante, sugerente; luego, una viva y original combinación de metáforas; después, uso frecuente del ritmo y del color. Pero no basta. Darío concibe todos sus temas poéticamente; lleva en su cerebro infinitas experiencias de lecturas, viajes, sueños, meditaciones, mundos de encantamiento y poesía que dan innumerables perspectivas a su creación. Veamos cuál es su proceso habitual. El poeta llega un día a Lisboa y contempla la ciudad:

> Lisboa, hermosa y real, frente a su soberbia bahía, un cielo generoso de luz, una tierra perfumada de jardines, una de-

licia natural esparcida en el ambiente, una fascinación amorosa que invita a la vida, altivez nativa, nobleza ingénita en sus caballeros, y en sus damas una distinción gentilicia como corona de la belleza. *(Los Raros, 219.)*

Esto es lo que ve, lo real, expresado en visión de poesía. Pero hay mucho más. Frente a esta realidad está el mundo de las experiencias del artista; se opera entonces el proceso de creación:

> Y consideraba al hollar aquella tierra, las proezas de tantos hijos suyos famosos; Magallanes, cuyo nombre quedó para los siglos en el extremo sur argentino; Alburquerque, el que fué a la lejana Goa; Bartolomé Díaz, y la figura dominante, aureolada de fuegos épicos, del gran Vasco. *(Los Raros, 219.)*

Pero sucede que el recuerdo histórico no es suficiente; hay allí en su mente otra región más íntima en que el poeta se deleita:

> Y evocaba la obra de la lira, los ingenuos balbuceos en la corte de Alfonso Henríquez, en donde la linda doña Violante antojábaseme harto cruel con el pobre Egaz Moniz, agonizante de amor por aquel *corpo d'oiro;* los trovadores, formando su ramillete de serranillas; don Dioniz, el rey poeta y sapiente, semejante a Alfonso de España, y a quien Camoens compara con el grande Alejandro. *(Los Raros, 219.)*

La mente de Darío está tan poblada de visiones poéticas que su imaginación encuentra fácil paso entre sus recuerdos; y así llega a Grecia:

> Y después viene Dionisio, que bien parece del bravo Alfonso estirpe noble y digna; por quien la fama grande se obscurece de la liberalidad alejandrina. Con éste el reino próspero florece (ya conseguida la aurora paz divina) en constituciones, leyes y costumbres, e iluminan claras luces la ya tranquila tierra. Hizo primero en Coimbra que se ejercitase el valeroso oficio de Minerva; y las musas de Helicón por él fueron a pisar la fértil yerba del Mondego. Cuanto puede de Atenas desearse todo el soberbio Apolo aquí reserva: Aquí de las coronas tejidas de oro y de siempre verde laurel. *(Los Raros, 219.)*

Hemos presenciado el proceso acostumbrado de creación de este poeta, realista en la observación, exacto y preciso, decorativo en los detalles; romántico en el libre curso de su fantasía; clásico en el orden y armonía de su estructura. A veces predomina uno de estos elementos y el poeta se hace retórico, como cuando se dirige a la Estatua de la Libertad:

> A ti, prolífica, enorme dominadora. A ti, Nuestra Señora de la Libertad. A ti, cuyas mamas de bronce alimentan un sinnúmero de almas y corazones. A ti, que te alzas solitaria y magnífica sobre tu isla, levantando la divina antorcha. Yo te saludo al paso de mi *steamer*, prosternándome delante de tu majestad. ¡Ave: Good morning! Yo sé, oh divino icono, oh magna estatua, que tu solo nombre, el de la excelsa beldad que encarnas, ha hecho brotar estrellas sobre el mundo, a la manera del *fiat* del Señor. *(Los Raros,* 178.)

Otras veces se vuelve íntimamente sentimental, como cuando evoca la figura doliente de Stella, la esposa muerta en plena juventud, al leer la obra de Edgar Allan Poe. En este caso se expresa en un estilo puro y melodioso:

> ¿Por qué vino tu imagen a mi memoria, Stella, alma, dulce reina mía, tan presto ida para siempre, el día en que, después de recorrer el hirviente Broadway, me puse a leer los versos de Poe, cuyo nombre de Edgardo, armonioso y legendario, encierra tan vaga y triste poesía, y he visto desfilar la procesión de sus castas enamoradas a través del polvo de plata de un místico ensueño? *(Los Raros,* 180.)

Ahora, observemos todavía más de cerca este estilo. Tomemos al azar un párrafo de *Los Raros*, aquel en que Darío describe la llegada de Leconte de Lisle al reino de la muerte:

> Fínjome la llegada de su sombra a una de las islas gloriosas —Tempes, Amatuntes celestes— en donde los orfeos tienen su premio. Recibiránle con palmas en las manos coros de vírgenes cubiertas de albas impalpables vestiduras; a lo lejos destacaráse la armonía del pórtico de un templo; bajo frescos laureles se verán las blancas barbas de los antiguos amados de las musas, Homero, Sófocles, Anacreonte. En un bosque cercano, un grupo de Centauros. Quirón a la cabeza, se acerca para mirar al recién llegado. Brota del mar

un himno. Pan aparece. Por el aire suave, bajo la cúpula azul del cielo, un águila pasa, en vuelo rápido, camino del país de las pagodas, de los lotos y de los elefantes. *(Los Raros, 21.)*

Triunfa en este párrafo lo decorativo, la representación pictórica, pero como de costumbre lo que nos ofrece el poeta es un paisaje helénico. Llega la sombra de Leconte a una de "las islas gloriosas": Tempes, cerca del Olimpo, cantada por Virgilio; Amatuntes, célebre por el culto de Venus y de Adonis. ¡Isla de poesía y ensueño; mundo romántico de la imaginación! Estas islas son celestes, es decir, están vistas en perspectiva divina; allí "los orfeos tienen su premio", los músicos del templo de Afrodita; allí donde Apolo persiguió a Daphne y se purificó después de haber dado muerte a la serpiente.

Una vez imaginado el escenario, Darío lo puebla de seres conocidos y dilectos: dioses, mujeres, artistas. Allí salen a recibir al poeta muerto coros de vírgenes, Homero, Anacreonte, Pan, los Centauros. Toda esta decoración nos es muy familiar en la fórmula dariana.

Penetremos un poco más. La adjetivación es característica: Islas *gloriosas*, Amatuntes *celestes*, *albas impalpables* vestiduras, *frescos* laureles, *blancas* barbas, aire *suave*, cúpula *azul*, vuelo *rápido*, adjetivos que denotan color, impresiones táctiles, movimiento; el pronombre sigue a la forma verbal en *fínjome, recibiránle, destacaráse*, manteniendo así el tono clásico de la descripción. Pero lo más notable de este estilo es su ritmo constante, adaptado al sentido ideológico. Cuando llega la sombra del poeta, salen a recibirle con cierta delectación morosa coros de vírgenes; la distancia entre el lugar del homenaje y el templo sugiere una marcha lenta y continua. Por otro lado, los bosques de laureles nos dan una nueva sensación de espacio; las blancas barbas de los poetas nos ofrecen una visión de quietud. Mas he aquí que pronto se anima el cuadro; aparecen los Centauros, y seguramente sus movimientos son nerviosos; brota del mar un himno; aparece Pan; un águila pasa en vuelo rápido, porque ahora la distancia llega a su máxima dimensión: el águila vuela hacia la India.

Estudio de gran valor —que dejamos para más tarde— sería coleccionar todas las metáforas, símiles, hipérboles, tropos que aparecen por primera vez en *Azul* y en *Los Raros* y que más tarde se repiten perfeccionados en el lenguaje poético de *Prosas Profanas* y *Cantos de Vida y Esperanza*. También se encuentran en sus dos primeras obras en prosa muchas de las alusiones mitológicas halladas frecuentemente en sus poemas más logrados.

En resumen: para conocer a fondo la génesis poética de Rubén Darío es indispensable un análisis estilístico de *Azul* y de *Los Raros*. Hasta en esa breve declaración de principios que Darío pone en su primera página de *Los Raros* vemos la expresión de su técnica futura.

VI

CATEGORÍAS LITERARIAS

Hace algún tiempo escribí unos comentarios acerca de un trabajo que trataba de mi sistema de valores estéticos. Ahora deseo ahondar un poco más en este tema, con el propósito de dar cierta orientación a la crítica literaria hispanoamericana siempre errátil y caprichosa, y desde luego muy inferior a la obra de creación.

Después de serias y meditadas consideraciones sobre mi labor literaria, mi comentador, el doctor Manuel Olguín, hace una exposición de las categorías fundamentales de mi estética y de algunos de los valores que yo he puesto de relieve al estudiar la literatura hispanoamericana en general. Según el perspicaz crítico chileno, estas dos categorías básicas serían: a) *el interés social;* b) *la honradez artística,* o sea *la sinceridad en el arte.* Las dos categorías se funden en una al ser aplicadas a la literatura de nuestro continente.

¿Qué quiere decir el Dr. Olguín al hablar de interés social? Es evidente que se refiere al conocimiento de nuestro mundo hispanoamericano, a la conciencia de nuestra realidad, o sea a lo que otros críticos como el señor Francisco Contreras han llamado mundonovismo o, según García Godoy, americanismo literario. La sola enunciación de un tema de esta naturaleza indica que es posible que nuestros escritores no se hayan preocupado de nuestra realidad, creencia no sólo posible sino frecuentemente convertida en hecho tradicional. ¿Será que acaso los hispanoamericanos no tenemos un mundo real y vivimos como Segismundo entre el sueño y la vida? Ya algunos pensadores —recuerdo aquí a André Siegfried— han tratado de demostrar que nuestras instituciones y nuestro pensamiento no son sino reflejo de la cultura europea. ¡Sólo reflejo! ¿Vivimos entonces en una helada zona de sombras iluminada de vez en cuando por luces que vienen de otros astros? Nos negamos a aceptar este papel de espectros y únicamente aceptamos la primera premisa: no conocemos nuestra propia realidad; y sin realidad, sin el sentimiento del mundo objetivo nos falta un factor fundamental en la obra de creación. Y por esto la mayor parte de nuestra creación artística en América no logra convencer, no alcanza a dar esa sensación de vitalidad indispensable en las obras maestras del arte.

Somos un continente sin raíces, algo así como esos hogares flotantes de los pueblos lacustres. Las culturas asiáticas —y en cierto modo las europeas— siguen un proceso biológico de evolución articulado y metódico, un desarrollo natural de causa a efecto. Nosotros los americanos, no. En nosotros se yuxtaponen todos los valores, todos los niveles culturales, desde los más primitivos hasta los más recientes. No procedemos por evolución, por crecimiento interno, sino por adquisición inmediata de valores venidos de fuera. Vamos amontonando conocimientos en forma piramidal, sin asimilarlos a nuestra íntima esencia de pueblos nuevos. Así como observamos en nuestro continente la coexistencia de la carreta de bueyes y el aeroplano, en el campo de la literatura vemos cómo el escritor de vanguardia, el experimentador culto e inquieto, se mueve junto al versificador que simboliza la más abyecta rutina literaria. En otros países, en Francia por ejemplo, donde la cultura sigue un seguro proceso evolutivo, el falso valor literario es descubierto y delatado; entre nosotros, este mismo falso valor no es descubierto, se le permite triunfar por razones enteramente ajenas a los cánones artísticos. Sería superfluo citar aquí los casos frecuentes de *pastiches* literarios, imitaciones desleales de los místicos castellanos o de *Don Quijote*, que pueden convencer a los incautos de las letras. También nos parece innecesario demostrar que dentro del movimiento de vanguardia hay tristes imitadores que se alimentan de los detritos de las escuelas europeas.

Podemos asegurar aquí que los hispanoamericanos no constituimos una raza. Otra vez observamos el mismo proceso de yuxtaposición: nos transformamos por cruces violentos de razas y no por evolución natural. Vamos alterando nuestra personalidad racial sin llegar a definirla y sin que nuestra voluntad racial intervenga en este proceso. Hay regiones en América en que un grupo racial es totalmente transformado en el breve curso de medio siglo por las corrientes inmigratorias; así podemos observar el caso de la ciudad de São Paulo, en Brasil, en que el elemento italiano coexiste con el portugués sin llegar a fundirse con él. ¿Cómo puede efectuarse así esa relación profunda que debe existir entre el hombre y la tierra? El hombre americano, en un continuo estado de cambio, no alcanza todavía a ser exponente racial: es sólo un reflejo que aspira a la plenitud del ser que siente raíces debajo de sus pies.

Los conquistadores, poetas y cronistas españoles de tiempos coloniales ni siquiera pudieron observar con exactitud el mundo real en que actuaron; vieron un mundo mítico, un paisaje de Arcadia, una naturaleza poblada de extraños seres, y describieron este universo en crónicas fantásticas, en que la realidad se perdía entre las visiones que tenían detrás de las retinas. Unos nos narraron la leyenda de El Dorado, de difícil ubicación; otros nos describieron a esas mujeres legendarias a quienes bautizaron de amazonas; éstos nos hablaron de la fuente de la juventud eterna; aquéllos de la Siete ciudades de Cíbola. El benemérito padre Las Casas nos mentía ingenuamente haciéndonos creer que había estado en regiones que sólo conocía de nombre y pintándonos cuadros de escenas terribles y fabulosos animales; Cristóbal Colón se deleitaba en Santo Domingo oyendo el canto del ruiseñor, que jamás existió en esa tierra; Cortés nos presenta en su magna obra un palacio de Moctezuma que parece sacado de un cuento oriental; Pedro de Oña nos deslumbra con la descripción de las selvas de Arauco, con su flora de claveles, rosas, lirios, violas, jazmines, azucenas, amapolas, mirtos, salces, alisos, nardos, ciparisos, olmos, yedras, y su fauna de cisnes, gamos, corzas, tigres, ruiseñores. Nos da este poeta una naturaleza idílica en donde

> en corros andan juntas y escondidas
> las driadas, oréadas, napeas,
> y otras ignotas mil silvestres deas,
> de sátiros y faunos perseguidas...

¡Maravilla de maravillas! ¡Mundo de ensueño digno de un Garcilaso o de un Góngora! No se puede pedir una transformación más violenta de la realidad.

Y sin embargo, así siguieron contemplando el mundo colonial nuestros poetas. Y fué menester que vinieran más tarde viajeros de otras razas, con los ojos abiertos a la realidad, como Bouganville, La Condamine, Humboldt, Darwin, a decirnos cómo era nuestro mundo, cuál nuestra naturaleza. Las experiencias mentales del poeta y del cronista español pertenecían a la tradición greco-latina, a la Edad Media caballeresca y al Renacimiento, y al contemplar nuestra naturaleza y nuestro indio se formaba en su cerebro tal laberinto que le era imposible no confundir a Amadís de Gaula con don Caupolicán de Arauco. Hasta aquel muy prosaico y muy detallista Juan de Castellanos, en sus tristemente famosas *Elegías* nos dice cosas así:

> Deshízose la lumbre de Diana,
> sobrepujó lo claro del Aurora:
> dijeras que en el alma más reclusa
> obrarse los efetos de Medusa.

Verdad es lo que dice María Rosa Lida en su nota sobre la *Huella de la Tradición Grecolatina en el poema de Juan de Castellanos:*[1] "La mitología no se reduce siempre a la alusión más o menos fugaz; a veces acompaña en todo su desarrollo la relación de un suceso contemporáneo. Así, en la *Historia de Santa Marta*, Canto I, Castellanos cuenta cómo, al vadear un río, desaparece el capitán Rodrigo Palomino, víctima de los caimanes; y contrapone las voces de sus compañeros al llanto de Hércules por la pérdida de Hilas, y el destino del valiente capitán, desaparecido en el río tropical, a la suerte del adolescente mitológico, acogido por las náyades enamoradas".

Veamos cómo se lamenta el poeta español:

> No voz hercúlea por el alto cielo,
> ni grito por los aires esparcido,
> sonó tanto llamando su mozuelo
> Hylas, en fondas aguas sumergido,

---

[1] María Rosa Lida, "Huella de la tradición grecolatina en el poema de Juan de Castellanos", en *Revista de Filología Hispánica*, Buenos Aires, VIII, 1946, p. 114.

cuanto sonó la voz y desconsuelo
de los que lo llamaban sin sentido,
pues con ser una cosa tan creíble
no podían creer fuese posible.

De Hylas cuentan las antigüedades,
según tienen poetas por estilo,
que dél enamoradas las Nayades
lo recogieron en profundo silo:
de Palomino son ciertas verdades
sumergillo caimán o cocodrilo...

La mitología transpone a nuestro poeta a un mundo que se nos antoja en un plano opuesto a la realidad brutal de los acontecimientos, le adelgaza la voz, le afina la intención y por fin le destruye la visión original de su experiencia. Y así por tres siglos, con las excepciones debidas, nuestra poesía se desarrolla en una perspectiva irreal, fantasmagórica.

Pero volvamos a nuestra época y tratemos de definir el deber actual del poeta. El primer paso en el proceso creador es observar la realidad como experiencia objetiva; pero el artista no debe detenerse aquí; su deber es penetrar ese mundo objetivo e interpretar el sentido trascendental de las cosas para llegar por fin a ese sentimiento de unidad que podría denominarse misticismo poético. Ya lo expresó uno de los últimos poetas modernistas, González Martínez, al escribir: "Irás sobre la vida de las cosas con noble lentitud y buscarás en ellas un sentido profundo." Lo primero, entonces, es sentir la realidad, detenerse ante ella, meditar acerca de su sentido, que luego vendrá la revelación como por obra de milagro. De este modo cuando el poeta se sienta deslumbrado en presencia de la naturaleza o estremecido por la intensidad de un sentimiento humano, debe darnos, al mismo tiempo que una descripción del estímulo externo, una interpretación de las fuerzas íntimas que le pusieron en actitud creadora. En otras palabras, el poeta debe tener una clara conciencia de la transmutación de la realidad en poesía. El lector se dará cuenta entonces de cómo este poeta individual —no todos los poetas— refleja un universo que existe para todos pero del cual él es el único intérprete, del cual sólo él nos puede dar un cuadro eterno.

Para resumir: el poeta debe observar la realidad; debe penetrar y comprender esta realidad y mientras más preparado esté para interpretarla mejor poeta será. Finalmente, de estas experiencias concretas nos dará un mundo trascendental por medio de concordancias, alegorías y símbolos. Los materiales externos, las cosas, están al alcance de todos, pero únicamente el artista los puede convertir en valores estéticos.

Ahora bien, la imaginación de nuestros poetas vive en una zona remota de su realidad ambiente y no hay correspondencia directa entre su visión objetiva, sus fórmulas creadoras y sus experiencias estéticas. Supongamos que nuestro poeta escriba acerca de un gran amor; parte del cuadro es, por supuesto, suyo; él siente ese amor en carne viva, por una mujer que existe; pero al llevar este amor al nivel poético empiezan a influir en él las mil reminiscencias literarias, las formas de expresión obligadas, los símbolos tradicionales, y entonces ocurre el divorcio entre su experiencia real y su aventura poética. Además, lleva en su recuerdo fantasmas de mujeres vistas en un mundo de ficción, nuevo elemento que desintegra su realidad. A veces me pregunto cómo habrían sido las experiencias amorosas de nuestros poetas hispanoamericanos si no hubieran conocido a Espronceda, Bécquer, Musset, Verlaine o Lamartine. Sin las lecturas de Poe, Verlaine o Baudelaire ¿habría concebido José Asunción Silva ese amor de ultratumba que expresa tan magistralmente en las últimas líneas de su *Nocturno*? Sin la constante melancolía de Bécquer ¿habría el mismo Silva reído tanto con una mujer que su risa se trocara en llanto, o llorado tan abundantemente que sus lágrimas adquirieran un encanto misterioso? El amor de Rubén Darío por Stella —tan prosaico y tan frío en la realidad— ¿habría adquirido ese tono de mística dulzura, de vago ensueño, si no hubiera sido por la influencia de Anabel Lee, de Ligeia, y de Leonor, de Edgar Poe? Sin los prerrafaelitas ingleses, sin los simbolistas, sin Bécquer y sin Poe ¿cómo comprender el amor de un poeta mexicano del tipo de Amado Nervo que busca por el mundo a las niñas tristes y pálidas, y desdeña a las mujeres de ojos ardientes, de labios rojos y de rosada tez, tan abundantes en su patria?

> Bellas mujeres de ardientes ojos,
> de vivos labios, de tez rosada,
> ¡os aborrezco! ¡vuestros encantos
> ni me seducen ni me arrebatan!

Inútil insistir. Se me argüirá que lo mismo se podría decir de los poetas europeos. Bien, pero en ellos hay una fusión continua de todos estos factores, en tanto que entre nosotros hay superposiciones de planos, choques bruscos entre la manera poética y la realidad objetiva. Por esta razón la mayor parte de la crítica estuvo de acuerdo en afirmar que Darío era un poeta que se había escapado de la realidad y que vivía en un mundo de espectros y de ensueños, simplemente porque su expresión poética no correspondía a su ambiente.

Tenemos que reconocer este fenómeno: nuestra cultura no progresa por evolución constante sino por bruscos impulsos inconexos. No hay en nuestros valores culturales ese encadenamiento constante de causa a efecto que define una evolución progresiva. Nuestra cultura es de planos superpuestos, no de lento fluir. Por este motivo, y limitándonos a las actividades literarias, tenemos épocas en que la fórmula de expresión está totalmente divorciada de su motivo. Tal es el caso en la poesía de Sor Juana Inés de la Cruz, extranjera en su propia patria; idéntico es el de Rubén Darío, acusado por Valera de no seguir la tradición española y por Rodó de no ser poeta hispanoamericano. ¿Cómo explicar de otra manera el hecho de que en el siglo XVIII nuestros poetas coloniales más destacados escribieran en latín? A pesar de que sus temas son americanos, como sucede en el hermoso poema *Rusticatio Mexicana*, de Landívar, la forma destruye el clima que pudiera crear el contenido.

Vamos a considerar con más detenimiento este problema y a ver lo que pasa con nuestra novela y nuestra poesía. Ya hemos notado que en la época colonial el mundo caballeresco y arcádico de la imaginación española no correspondía a la grandiosa o miserable realidad del continente nuevo. Sabemos que la *Araucana* de Alonso de Ercilla y el *Araucano Domado* de Pedro de Oña tratan de los indios de Chile únicamente porque eso es lo que nos dicen los autores, pero la esencia misma del hombre araucano no está en ninguna parte como tampoco está el paisaje auténtico de esa región. No hay que engañarse con esa primera línea realista del poema la *Araucana:*

Chile es de Norte a Sur de gran longura...

porque, a poco andar, se pierde el poeta en el laberinto de sus fantásticas visiones.

En la novela llamada falsamente "indigenista" y "realista" nos encontramos con cosas curiosísimas. Su contenido es el siguiente: un personaje indígena, hombre o mujer; escenario, una selva, un río o una llanura; tema, la tragedia de la lucha de razas o de la explotación del indio; estilo, formas dialectales de lenguaje, o por lo menos, formas que el autor cree dialectales. El novelista por lo general hace uso de una gran cantidad de leyendas indígenas, o que él cree indígenas. ¿Cómo construye el novelista su obra basándose en esta realidad? El indio, reducido a una condición de paria por la continua explotación del amo blanco, aparece en la novela en un papel heroico, con características y actitudes de caballero medieval o héroe de la *Ilíada;* algunas veces adquiere categoría de filósofo y de poeta. La india nos deslumbra con su belleza, con la finura de su temperamento, con su castidad y a menudo con su expresión neoplatónica. La selva es con frecuencia un deleitoso retiro, directamente evocado de las páginas de Fray Luis de León o de Garcilaso, lleno con el canto de los pájaros y el murmullo de claras corrientes. Si hay tragedia en la novela, ésta será también de tipo heroico, aunque las relaciones entre indio y blanco son por lo común de tipo sentimental, como por ejemplo un amor desventurado entre un soldado español y una joven indígena, o entre un cacique y una mujer cristiana. El indio, completamente desvirtuado en su psicología, lo está igualmente en su expresión; cuando no tartamudea un idioma que sólo el autor comprende, se pasa al otro extremo y habla un español pomposo que parece aprendido en los dramas de Calderón.

Encontramos en esta novela una inarmonía evidente entre la concepción del novelista y la verdad real. La naturaleza tiene un valor absoluto que el autor ha deformado; la vida del indio está ubicada en un plano especial en tanto que la del novelista pertenece a un plano superior; en un tercer plano está situado el lector de la obra. ¿Será posible reducir estos tres planos a un nivel común? Creo que sí, que es posible, pero para esto es necesario que el autor comprenda de un modo más seguro su propósito antes de emprender a ciegas su tarea. Una novela puede tener varios propósitos; puede ser obra de puro entretenimiento, de aventuras, de imaginación; puede ser una interpretación histórica o un relato costumbrista, un tratado con intención social, una obra de choque ideológico, un problema de lógica y de números que requiera una solución. En todo caso el novelista tendrá que cuidarse de dar una sensación de realidad, de establecer el equilibrio de todos sus elementos, de no dar relieve exagerado a un factor sobre otro. Y tendrá que tener siempre presente que lo que más interesa al lector es ese hilo finísimo que engarza todos los demás elementos: la trama, el tema, la historia, o como quiera llamársele.

En las novelas indianistas de Hispanoamérica los autores fracasan precisamente por falta de equilibrio de todos los elementos que constituyen la obra de arte. En novelas como *Cumandá*, de Juan León Mera, el autor falla en psicología, en estilo, en clima novelístico, al no establecer el balance necesario, la medida del conjunto. Lo mismo puede decirse de las novelas contemporáneas que pertenecen a este género, tales como *Don Goyo*, de Aguilera Malta, o *Huasipungo*, de Jorge Icaza. Al terminar la lectura de *Cumandá* nos preguntamos: ¿es ésta una novela romántica, pastoril o caballeresca? Al terminar *Huasipungo* nos queda la impresión de haber leído un panfleto de índole proletaria. Y claro está que el deseo del autor ha sido el hacer una obra de arte y de convencernos con la verdad de su relato.

Pero volvamos a la poesía. No se puede negar que exista una conciencia social en la poesía contemporánea, hasta en el surrealismo, si recordamos que André Breton, Eluard, Aragon, iniciaron su reforma estética a fines de la primera guerra mundial como una protesta contra el realismo feo y cruel. Una "realidad superior", llama Breton a su escuela.

En Hispanoamérica esta conciencia social es innegable.

La poesía llamada indigenista, saturada de sentimiento humanitario, es, al mismo tiempo que expresión estética, denuncia y desafío. La figura del indio, incrustada en las rocas de su cordillera, es bronce escultural por fuera y patética soledad y abandono por dentro. El poeta de América siente profundamente la tragedia del hombre negro en países como Cuba, Brasil, Venezuela, y quiere ensalzar en sus cantos el puro manantial de su sentimiento y el esplendor de sus ensueños. El poeta civil denuncia al explotador de las masas de trabajadores y campesinos; celebra los triunfos de la democracia y embiste contra toda forma de opresión. Durante la última guerra los mejores poetas del continente fueron antifascistas y antinazistas. Hoy mismo la dictadura del general Franco tiene a sus grandes enemigos en las filas de los poetas hispanoamericanos. La poesía de tipo social va dirigida al negro, al indio, al campesino, al trabajador, al hombre común por quien siente el poeta contemporáneo un profundo interés. Pero aquí empieza nuestro problema. Dos zonas culturales separan al poeta del hombre común y en Hispanoamérica esta separación es mayor que en otras partes. El poeta, por mucha simpatía que sienta por el proletariado, usa una lengua completamente distinta; y no es que yo pida al poeta que hable como el campesino o como el obrero; no, sólo le pido que se exprese en una forma que mantenga cierta relación con el grado de cultura de éstos. Pero nuestro poeta hace precisamente lo contrario; escribe en un estilo complicado, confuso, en un "lenguaje poético" cuidadosamente cultivado.

Esta forma de poesía culta, o mejor cultista, no la puede comprender el hombre común; a veces, ni siquiera el hombre de cierta cultura. El poeta es completamente dominado por su técnica y olvida uno de los motivos esenciales de su arte inspirado en un propósito humanitario y en un principio democrático. ¿Qué ha sucedido en el espacio que va de su concepción social al resultado artístico? Es fácil explicarlo. El poeta quiere ser considerado como hombre de izquierda, como defensor de las masas, pero al mismo tiempo anhela mantener su reputación de poeta culto, de escuela, de técnica de vanguardia, discípulo de este o aquel maestro europeo. Además, el poeta se ha rodeado de una aureola de profeta y de mágico y se cree obligado a hablar una lengua cabalística y hermética. Varios poetas contemporáneos de Hispanoamérica que creen tener conciencia social están influídos por los caprichos estilísticos de Góngora, de Mallarmé y de los surrealistas.

La diferencia de nivel cultural entre el poeta, su personaje —indio, negro, obrero, campesino— y su lector es demasiado manifiesta. Y nos encontramos por fin con esta verdad: el poeta contemporáneo de Hispanoamérica demuestra, en vez de conciencia social, una actitud aristocrática que podría tildarse conciencia de clase. El poeta de hoy continúa siendo, por una extraña paradoja, el conquistador español, el encomendero que proclama un sistema comunista en un terreno de incomprensión y de indiferencia humana. Sigue siendo el europeo frente al indio, dos culturas que no se han fundido ni se fundirán jamás.

Sin embargo, el poeta contemporáneo no quiere ser esto sino lo otro; quiere ser el intérprete de ese hombre americano a quien siente, con quien se codea, de quien depende para crear su mundo, y por eso arguye: yo he cantado al indio, al negro, al libertador Morelos, a Stalingrado, a los caucheros del Perú, a los mineros de Chile. Y tiene razón el poeta; él es genuinamente hombre de izquierda en sus ideas políticas y sociales; es probable que hasta sienta con profundidad el drama de los hombres oprimidos y explotados, pero al transmutar estos valores al dominio de la estética se transforma en artista de clase, en un catalogador de figuras de cera, en coleccionador de imágenes; en una palabra, se transforma en un escritor reaccionario.

Si el poeta es política y socialmente honrado, literariamente no lo es. Es decir que falla en su propósito esencial, el de ser honrado en el arte, sincero en la expresión creadora. El poeta no ha cumplido su misión, que es: observar la realidad en su forma integral y expresarla en forma lógica y genuina, en una forma que no sea extraña a la atmósfera de esa realidad.

Tomemos como ejemplo al poeta chileno Vicente Huidobro, hombre de izquierda, comunista. Veamos cómo canta a ese pueblo:

Emigrante a América

Estrellas eléctricas
Se encienden en el viento
    Y algunos signos astrológicos
    Han caído al mar
        Ese emigrante que canta
        Partirá mañana
Vivir
            Buscar
Atado al barco
            Como un horóscopo
Veinte días sobre el mar

Bajo las aguas
Nadan los pulpos vegetales

Detrás del horizonte
    El otro puerto

Entre el boscaje
Las rosas deshojadas
    Iluminan las calles.

    Es evidente que el poeta siente la tragedia del emigrante; de otro modo no lo haría tema de su canto. ¿Qué le dirá al emigrante ese primer verso: "estrellas eléctricas se encienden en el viento"? La imagen es poética y audaz para un iniciado en esta clase de fórmulas metafóricas pero para el pobre hombre que inicia su peregrinaje no tiene sentido humano. "Algunos signos astrológicos han caído al mar", frase preñada de sentido aunque demasiado alambicada para el desterrado. "Bajo las aguas nadan los pulpos vegetales", frase plástica y simbólica que lleva un sentido de misterio, desorientación, terror, pero con sentido oculto o por lo menos nebuloso. "Entre el boscaje las rosas deshojadas iluminan las calles", otra vez un hermoso pensamiento expresado en forma hermética que debilita su sentido. Notamos en este ejemplo que si el hombre ha sentido la emoción del emigrante el poeta se ha sentido atraído por la necesidad de hacer poesía original, poesía de fórmula, a tal punto que se olvida de su tema y se entrega a una fiesta de metáforas y acrobacias líricas. Este poema está por encima de la comprensión del personaje a quien va dirigido y aun del lector ordinario de la América hispana. Es un poema de *élite* y para la *élite*.

Yo veo esta sinceridad artística como fórmula permanente de creación, como categoría estética. Pero no es todo. El poeta hispanoamericano tiene un deber humanitario que cumplir ya que, como todo individuo, vive en el seno de una sociedad que debe proporcionarle los dos elementos básicos de su existencia: libertad y belleza. Sin libertad —lo hemos visto en las sociedades totalitarias de Alemania e Italia— sus temas pierden vigor y actualidad y se reducen a frías abstracciones, a símbolos pálidos de una realidad que no puede comentar, cuando no a pura propaganda demagógica. Su mente andará a tientas, perdida en una oscura zona de medias verdades; su estilo será intencionalmente difuso y vago para ocultar los matices y las proyecciones de su pensamiento, y por fin, el poeta superior, cansado de evitar la realidad, se refugiará en un helado e informe mundo metafísico.

El poeta debe ser, por consiguiente, un eterno centinela de la libertad, un soldado constante de la causa democrática, un enemigo tenaz de la opresión política, que es también opresión de ideas y de procesos artísticos como lo demostró Hitler al imponer en Alemania sus absurdas teorías del arte sano. Con lo anterior no quiero decir que el poeta deba convertirse en escritor político en un sentido militante; deberá proteger sus derechos, su libertad de pensamiento, pero cuidará mucho de no dejarse contaminar con bajas ambiciones e intereses de partido. En esa alta región de independencia sus opiniones serán respetadas y así será capaz de orientar noblemente el pensamiento de su época.

En la América hispana, el continente enfermo, siempre afligido por la tiranía y el despotismo, gobernado por hombres mediocres o inmorales que se rodean de una camarilla de aduladores, el poeta no debe encerrarse en torre de marfil. Antes por el contrario, con la misma pluma que usa para cantar la belleza del arcoíris y la rosa debe fulminar al enemigo de la libertad, debe usar su pluma como espada para que un día pueda exclamar, como Montalvo ante el cadáver de García Moreno: "Mi pluma lo mató". Ahora, por el contrario, si el poeta hace causa común con la tiranía y se convierte en enemigo de la democracia y del pueblo, habrá traicionado uno de los atributos más altos de su misión.

Afortunadamente, desde los primeros días de nuestra vida independiente la mayor parte de nuestros poetas han sido enemigos de toda forma de opresión. Los grandes neoclásicos Olmedo y Heredia lucharon por la libertad de América; los románticos, Sarmiento, Echeverría, Mármol, atacaron el despotismo de Juan Manuel de Rosas en la Argentina; los realistas Montalvo y González Prada escribieron con pluma de fuego en contra de la tiranía; el modernista José Martí sacrificó su carrera literaria por salvar a su patria; y hoy mismo los poetas más destacados de nuestro continente —César Vallejo, Nicolás Guillén, León Felipe y Pablo Neruda— se convierten en símbolos de libertad y de dignidad humana al enfrentarse a tiranuelos criollos y peninsulares. Estos poetas encarnan la dignidad en su forma más pura e igualan —como quería el clásico poeta de la *Epístola Moral*— el pensamiento con la vida.

Luchar por la libertad es un modo de comprender y de interpretar nuestra realidad americana; es una especie de creación; una actitud heroica que debemos mantener siempre. Tenemos que darnos cuenta cabal de que al luchar por la libertad defendemos la belleza, porque ¿cómo puede existir la belleza en países en que imperan la injusticia, la desigualdad social, la esclavitud? Cuando la violencia triunfa por todas partes, cuando la injusticia se enseñorea en una sociedad ¿podrá el poeta vivir en paz con su propia conciencia? ¿Podrá sentarse a cantar frente a la pobreza, la ignorancia y la miseria? La opresión política destruirá la dignidad del hombre, su pensamiento, sus ansias de mejoramiento, su sentido de lo justo y de lo bello... Y el poeta no puede vivir en un ambiente de miseria moral y de fealdad. Su misión es entonces clara: debe convertirse en un reformador social; debe contribuir a la creación de una comunidad armoniosa y justa en que todos los seres disfruten de todos los beneficios de la existencia. La creación de una sociedad en que reine la belleza es otro aspecto de su realidad; no sólo la belleza externa sino la que nace de las relaciones humanas basadas en la dignidad y el respeto mutuo de los ciudadanos. Y esto se puede convertir también en una categoría estética.

Estilo. Una vez que el poeta haya logrado estos dos ideales: libertad poética y la formación de una sociedad armoniosa, podrá entregarse a su labor creadora con una sensación de plenitud. Su estilo debe ser parte de esa realidad, porque todo pueblo tiene su expresión particular; su estilo debe expresar su contenido psíquico, pues el lenguaje es un fenómeno vivo; su estilo tendrá que mantener una relación lógica con ese lenguaje vivo, hablado por los miembros de la comunidad, en vez de ser un eco del lenguaje muerto de los clásicos del idioma. Puede, sin embargo, hacer del lenguaje vivo una categoría literaria, de modo que su estilo sea artístico sin perder la vitalidad de lo vernáculo. Más aún, puede afirmarse que entre los deberes del poeta figura el de crear una lengua artística para cada generación. Es un error frecuente entre los poetas creer que imitando el vocabulario típico y el sistema de imágenes de un poeta clásico su poesía será mejor. Las imágenes, las metáforas, las palabras envejecen y pierden su valor psicológico, y si el poeta contemporáneo usa las prendas de vestir de sus predecesores el vestido se le puede convertir en mortaja. Sin embargo, esas formas clásicas pueden vitalizarse siempre que la fuerza avasalladora de la lengua viva las asimile y las arrastre en una corriente de lirismo.

Un poeta de rica inspiración popular como García Lorca podrá traer a su poesía cuanta reminiscencia de estilo clásico desee, fundiéndola íntimamente con su expresión contemporánea. En cambio en un escritor que no posea el sentido vital de la lengua hablada, como es el caso de Ricardo León, toda imitación de estilo clásico será artificial y contraproducente y no irá más allá del *pastiche* literario.

Aunque nuestros países adoptaron la lengua española ésta no ha permanecido estancada en América sino que ha sufrido cambios en vocabulario, sintaxis y pronunciación. A veces hemos enriquecido nuestro idioma con nuevas palabras y expresiones tomadas de otras lenguas; a veces lo hemos empobrecido olvidando vocablos clásicos y giros castizos; a menudo lo hemos deformado. No era posible que mantuviéramos a tal distancia de España y por varios siglos la lengua castellana en su estado inicial. Forzoso será reconocer que un nuevo ambiente, un nuevo clima y una nueva sensibilidad determinarán al fin un nuevo idioma.

Este fenómeno de evolución bien podrá llamarse nuestra realidad lingüística. Tenemos que aceptar esta realidad e incorporarla a nuestra poesía, así como existe en el idioma vivo. Este proceso de incorporación da al estilo hispanoamericano un aire nuevo; es el sello de su personalidad. Por supuesto que es más fácil crear según cánones establecidos y usar los recursos poéticos y la lengua literaria de Garcilaso, Fray Luis de León o Góngora que crear un nuevo instrumento de expresión, pero estas imitaciones revelan en el acto falta de originalidad. También puede el poeta hispanoamericano seguir de cerca la lengua de los poetas modernos de España como ha pasado con los imitadores de Juan Ramón Jiménez y de García Lorca, pero aun aquí se produce la antinomia entre sensibilidad y forma. Como sea que fuere, en esta poesía siempre se pone de relieve el elemento más artificial.

Observemos ahora lo que pasa en el estilo de la escuela modernista. Ya sabemos que esta escuela debe su origen al parnaso y al simbolismo de Francia. Clima poético, sensibilidad, temática, técnica, todo tiene su origen en Leconte de Lisle, Verlaine, Baudelaire. El modernismo que se evade del mundo objetivo no podía hacer uso de la lengua hablada y se creó un estilo estrictamente literario, un "estilo poético". Esta forma está en armonía con el íntimo sentido espiritual de la escuela pero es al mismo tiempo el mejor indicio de la brevedad de su existencia, porque una tendencia poética alejada de la realidad y con un estilo de fórmulas intelectuales está destinada a una corta existencia. En los poetas menores del modernismo se pueden discernir el empobrecimiento lingüístico y la monotonía de las fórmulas y es evidente que estos últimos modernistas estaban ya anunciando la muerte de la escuela.

Podemos asegurar que el modernismo carecía de realidad lingüística, de la fuerza vitalizadora de la lengua vernácula; por esta razón el estilo se fué debilitando en metáforas gastadas y vocablos exánimes.

Se me dirá entonces: ¿la solución estará en llevar la lengua hablada directamente a la poesía? A esto contestaré que no, que la lengua hablada tiene que adquirir con cultivo y elaboración categoría de lengua artística. Ningún poeta querrá usar una expresión netamente realista, pues el elemento imaginativo indispensable en la concepción de sus temas y de sus símbolos se aplica también a su lenguaje. Por eso cuando se transfiere literalmente la lengua popular a la poesía, como pasa por ejemplo en los poemas gauchescos, la obra final adquiere apariencia de poesía primitiva. El vuelo lírico se acorta porque el poeta sabe que su imaginación y su lenguaje deben estar a nivel. Los críticos que han comentado la falta de imaginación del *Martín Fierro* no han meditado en el hecho de que el estilo popular del poema es una fuerza limitadora.

Veamos ahora cómo opera esta transposición ideal que he mencionado más arriba. La obra de dos poetas, Pablo Neruda y Nicolás Guillén, me servirá de ejemplo. En uno de sus primeros libros, *Crepusculario*, emplea Neruda las formas convencionales del modernismo:

> Cabellera rubia, suelta,
> corriendo como un estero,
> cabellera.
> Uñas duras y doradas,
> flores curvas y sensuales,
> uñas duras y doradas.

Poco más tarde, en *Residencia en la Tierra* el poeta abandona esta tradicional manera modernista, este vocabulario poético de segunda mano, viejo y gastado, y aunque su pensamiento se hace más hermético su forma se renueva por el influjo de la lengua hablada:

> Innecesario, viéndome en los espejos,
> con un gusto a semanas, a biógrafos, a papeles,
> arranco de mi corazón al capitán del infierno,
> establezco cláusulas indefinidamente tristes.

Aquí no sólo evita la palabra poética sino que hace que toda forma de expresión entre en su poesía llegando hasta lo puramente local en el uso de la voz "biógrafo" usada en Chile en vez de cine.

En la segunda parte de *Residencia en la Tierra* su conciencia del uso de las palabras es clarísima; opone las palabras comunes y vulgares a las poéticas, las hace chocar y batirse en forma tal que resultan cuadros de una intensidad lingüística extraordinaria:

> El olor de las peluquerías me hace llorar a gritos,
> sólo quiero un descanso de piedras o de lana,
> sólo quiero no ver establecimientos ni jardines,
> ni mercaderías, ni anteojos, ni ascensores...
>
> Sin embargo, sería delicioso
> asustar a un notario con un lirio cortado,
> o dar muerte a una monja con un golpe de oreja.
> Sería bello
> ir por las calles con un cuchillo verde
> y dando gritos hasta morir de frío.

La originalidad de estos versos no radica tanto en la falta de secuencia lógica, en lo inesperado de la conclusión, en la aparente falta de coherencia, como en la brusca combinación de palabras poéticas y no poéticas: olor de las peluquerías; descanso de lana; establecimientos y jardines; notario y lirio; monja, oreja, cuchillo verde.

Años después, en su libro *España en el Corazón*, dedicado al pueblo español, su estilo humanizado es sencillo y puro, con la voz de la gente, de los obreros, de los niños. El poeta comprende su deber de sencillez y de sinceridad cuando escribe:

> Yo vivía en un barrio
> de Madrid, con campanas,
> con relojes, con árboles.
> Desde allí se veía
> el rostro seco de Castilla,
> como un océano de cuero.
> Mi casa era llamada
> la casa de las flores, porque por todas partes
> estallaban geranios: era
> una bella casa
> con perros y chiquillos...

Aquí cada vocablo está vivo. Campanas, relojes, árboles son los nervios de ese barrio de Madrid en que vive el poeta; desde esa casa se ve la llanura castellana, como un organismo vivo, con rostro seco, ondulante, oscuro como un océano de cuero. La alegría del poeta se revela en ese hogar que los amigos llaman "la casa de las flores"; el dinamismo de su vida, su exaltación, su juventud, su bondad se ponen en evidencia en la frase "estallaban geranios"; pero faltaba lo más humano, lo más íntimo y sencillo de esa manera de vivir, y por eso: "era una bella casa con perros y chiquillos". En este caso la lengua popular es como una inyección de fuerza y novedad en el poema.

Por fin, en sus cantos revolucionarios a Bolívar y a Stalingrado, cantos para soldados, luchadores, revolucionarios, hombres del campo y la ciudad, Neruda mantiene, junto a una gran intensidad lírica, una absoluta claridad de expresión. A Bolívar dirá:

> Libertador, un mundo de paz nació en tus brazos,
> la paz, el pan, el trigo de tu sangre nacieron:
> de nuestra joven sangre venida de tu sangre
> saldrá paz, pan y trigo para el mundo que haremos.

En su *Canto a Stalingrado* deja oír su voz sin ninguna especie de retórica; deja salir su voz como si nos estuviera contando lo que sucedió, apoyado únicamente en la fuerza de su intensidad de concepción:

> En la noche el labriego duerme, despierta y hunde
> su mano en las tinieblas preguntando a la aurora:
> alba, sol de mañana, luz del día que viene,
> dime si aún las manos más puras de los hombres
> defienden el castillo del honor; dime, aurora,
> si el acero en tu frente rompe su poderío,
> si el hombre está en su sitio, si el trueno está en su sitio,
> dime, dice el labriego, si no escucha la tierra
> cómo cae la sangre de los enrojecidos
> héroes, en la grandeza de la noche terrestre,
> dime si sobre el árbol todavía está el cielo,
> dime si aún la pólvora suena en Stalingrado.

En su última obra, *Canto General de Chile*, Neruda combina otra vez elementos disímiles, una lengua poética bien madurada con lo que podríamos llamar su lenguaje chileno, es decir, la lengua que habla la gente de su patria. El poeta ha pasado a ser, de técnico complicado, poeta de masas, sin perder su encanto, su alta alcurnia lírica, su magia.

El caso de Nicolás Guillén, poeta mulato, es distinto. Guillén hace uso del tema negro abundantemente, no en forma folklórica sino con trascendencia social y artística. Este escritor ha introducido en el idioma poético recursos onomatopéyicos y fonemas típicos de la música africana y los ha adaptado a la métrica española con resultados muy felices. Al interpretar todos los problemas sociales en forma revolucionaria, Guillén aspira a ser poeta de masas y sin embargo logra mantener la estructura poética de sus composiciones. Su poesía es leída por el pueblo, por la gente culta y por la *élite* y es considerada por la crítica de nuestros países como poesía de vanguardia. El estilo de Guillén, remozado en formas populares, en expresiones dialectales, es pintoresco, intenso, de fuerza genuina, y es la mejor demostración de lo mucho que puede lograr un escritor con la lengua vernácula.

Neruda y Guillén son los representantes de un nativismo saludable en literatura aunque interpretan la vida y sus problemas con un sentimiento universal. Ambos han asimilado lo mejor que puede ofrecerles la cultura literaria de Europa pero ambos están convencidos de que el futuro poético de América tiene que ser diferente del europeo. Por consiguiente, para expresar una nueva realidad han creado un nuevo estilo poético.

Basado en estas y otras observaciones semejantes he formulado mi teoría poética. Tiene razón el señor Olguín en hacer hincapié en las categorías más elementales de mi sistema estético: *sencillez* y *honradez artística* que conducen a la verdad psicológica; *intensidad social*, que equivale a decir: interpretación fiel de la realidad. Lo que yo pido al arte de nuestro continente es esa fusión de factores que determina lo excelso: el equilibrio y la mesura que distinguen al arte clásico; la imaginación artística, elemento primordial del romanticismo pero que no puede estar ausente del arte verdadero; sentido profundo de las cosas y su trascendencia que distingue al realismo; intensidad, o sea lo que se ha llamado emoción y sentimiento.

Es grato observar que varios escritores hispanoamericanos satisfacen esta rígida fórmula crítica, o dicho en otras palabras, que la América latina tiene ya sus grandes escritores.

VII

DE LA NOVELA EN AMÉRICA

En un breve ensayo sometido a mi consideración, el señor Pedro Grases trata de definir una de las características más constantes de la novela hispanoamericana, el predominio del ambiente sobre los personajes, de la naturaleza sobre el hombre. Tema de mucho interés es éste y a él volveremos en unos momentos.

En ciertas consideraciones preliminares el señor Grases define la novela como un "exponente de afinado sentido crítico en todas las culturas". Si hubiera dicho culturas modernas estaríamos con él, pero culturas así no más, no: porque el relato novelesco aparece muy temprano en todos los pueblos, excepto que, como está en verso o en prosa de especiales y repetidas cadencias, se llama otra cosa. Tradición, claro está que necesita, pero lo mismo puede decirse de la poesía lírica o de la épica. Toda forma de expresión estética es necesariamente tardía comparada con la cultura física y utilitaria de los pueblos.

El señor Grases tiene razón en considerar el género novela en los tiempos modernos como una manifestación de civilización perfeccionada. Esa frase vieja pero preñada de verdad: la novela es espejo de la vida, nos sirva de muletilla. Como espejo reflejará la vida tal cual es, en una sociedad primitiva y pastoril, será breve o ingenua: adquirirá forma de cuento o de apólogo; en una nación agitada por alteraciones violentas de su historia y de su sociología la novela deja de ser obra de entretenimiento y adquiere un sentido ambiguo, un doble propósito estético y documental. En una sociedad intensamente preocupada de su esencia y de su destino la novela tiene que ser una obra de complicado fondo y estructura.

Como reflejo de la vida, la novela moderna es la revelación del hombre, no sólo la presentación de personajes interesantes, como arguye Ortega, sino de hombres, o mejor, de agonistas, como quería Unamuno. Tiene razón entonces Grases al escribir: "El novelista requiere un vasto y copioso volumen de tipos humanos, sobre los cuales edifique su propia obra". Tal es el caso de Dostoievski, por ejemplo, y tal el de cualquier novelista moderno que haya logrado impresionar a una generación de lectores cultos.

Verdad es que la novela ha venido evolucionando de la forma narrativa a la de presentación, o por mejor decir, de revelación. Queremos la comunicación directa con los caracteres; queremos más, llegar a ser nosotros mismos personajes integrantes de la novela. Pero de aquí a decir que la aventura y la trama sobren hay mucha distancia ya que siempre debe haber un hilo central que cree el movimiento. La sola presentación de personajes crearía un género estático y esto sí podría causar la decadencia del género, que, afortunadamente, sigue gozando de muy buena salud.

La técnica del escritor contemporáneo debe ser la siguiente: una narración servirá de espina dorsal a la obra y a lo largo de ella los personajes deben actuar en ambientes bien definidos, deben vivir sus vidas como en una realidad ideal, sin que olvide el autor que va hacia un desenlace, hacia una solución de conflictos; de otro modo se cae en un concepto de novela estática, en que no pasa nada, y eso ya no es novela. Aquí le pediría yo al novelista sentido de equilibrio para revelar a sus caracteres sin apartarlos demasiado del relato. Todo lo que sientan, piensen, sepan estos agonistas, todas sus experiencias, deben guardar una relación directa con el propósito central de la novela.

Con un desdén infundado por la aventura, dice Ortega y Gasset, discurriendo sobre este tema: "Recuérdense ahora las novelas mayores del pasado que han conseguido triunfar de las enormes exigencias planteadas por el lector del día, y se advertirá que la atención nuestra va más a los personajes por sí mismos que a sus aventuras. Son don Quijote y Sancho quienes nos divierten, no lo que les pasa." Y yo me pregunto: Si a don Quijote y Sancho no les pasara nada, ¿cómo podrían divertirnos?

La tesis de Pedro Grases es la siguiente: "En América la naturaleza se impone sobre el elemento hombre con una potencia arrolladora y decisiva". Al decir esto se echa de ver que Grases nos va a hablar de lo que yo he llamado "la novela del campo", porque si se tratara de la otra, de la novela de la ciudad, que ha dado obras como *Un Perdido*, de Barrios; *El Juez Rural*, de Prado; *La Bahía de Silencio*, de Mallea; *Santa*, de Gamboa, no habría para qué mencionar la naturaleza. Si es así, está en lo cierto Grases al afirmar que "la novela americana ha tomado otro rumbo en abierta disparidad con la gran obra narrativa europea". Sin embargo habría que hacer excepción de la novela europea de tipo exótico. El caso es evidente: la novela europea de Proust a Thomas Mann es de concepción psicológica; predomina en ella el factor hombre; más aún, hombre en un sentido espiritual y hasta metafísico. En la novela de América —en la del campo— ya no es el hombre el protagonista, ni siquiera lo fundamental. La naturaleza se impone, pasa al primer plano de valores: el hombre queda subordinado a las fuerzas naturales.

Si bien reconozco que Grases tiene razón en lo que observa, no comparto yo su admiración por este proceso que a mí me parece una regresión. Dice Grases: "los tipos humanos reducidos a simples accidentes". Esta afirmación me revela el peligro, porque si el personaje queda reducido a "simple accidente" el novelista no ha cumplido con su misión. Y no es que Grases, llevado por el deseo de demostrar su tesis, haya ido demasiado lejos en su definición; no, él tiene razón y en novelas como *La Vorágine, Canaima, El Mundo es Ancho y Ajeno*, el hombre es eso, un accidente, un juguete movido por fuerzas externas. "Son la selva, el llano, la pampa, el Ande, las auténticas figuras de tales libros, convertidas todas ellas en seres con capacidad de obrar y decidir de manera mucho más viva e intensa que la serie de tipos humanos esparcidos en las referidas novelas." He omitido a propósito de esta lista *Don Segundo Sombra* porque no creo que en esta novela la naturaleza domine al hombre. *Don Segundo* es, a pesar de su auténtico color local y su americanismo puro, obra de tradición europea. Lo básico en esta novela es la presentación de don Segundo, su mundo interno, que domina la pampa y la transforma en campo de experimentación costumbrista y en teatro de novedades estéticas. ¿Cómo no ver la diferencia entre este héroe de recia voluntad, de propósitos morales fijos, de personal filosofía, y aquel Arturo Cova de *La Vorágine*, descentrado, arbitrario, conminado por una fiebre de locura? Si es exacto que en algunas novelas "los seres vivos, entre ellos los hombres, dan la sensación de pulular en un mundo más poderoso que su propia voluntad", sería injusto encasillar en esta definición a un hombre tan libre y tan completo como es don Segundo Sombra.

Si aceptamos la definición de Grases referente a la superioridad del paisaje sobre el hombre, tenemos que confesar que estamos frente a un proceso de regresión literaria en que lo típico del romanticismo se une al prurito de documentación realista. Si el hombre es anulado, necesariamente debe exaltarse el ambiente, precisarse el dato documental, intensificarse la trama. Por eso abunda la descripción en las novelas de Gallegos, Ciro Alegría, Rivera, y por eso también la aventura vuelve a recobrar su dominio, a tal punto que en *La Vorágine* tenemos tres tramas distintas y que Ciro Alegría nos ofrece en *El Mundo es Ancho y Ajeno* una sucesión de cuentos largos.

Esta hegemonía de la naturaleza sobre los seres humanos se ejerce, como lo observa Grases, "desde las formas incipientes del criollismo anecdótico, localista, de limitados horizontes regionales". Pero lo que se puede justificar en los criollistas, cuyo propósito era muy distinto al de los novelistas contemporáneos, no creo que debamos alentarlo en éstos. Podríamos ir aun más lejos y detenernos en los coloniales —poetas y cronistas—, deslumbrados ante el espectáculo de una naturaleza grandiosa y primitiva. En Oviedo, Acosta, Anchieta, Cardim, Las Casas, Ercilla, Oña, Valbuena, nos encanta la facilidad con que se dejan llevar a una eterna actitud de admiración frente al paisaje.

Al novelista americano de hoy hay que exigirle más. Con la prodigiosa riqueza de motivo y escenario se le facilita su labor; puede mover sus personajes por múltiples caminos en una infinita variedad de temas. Pero también hay que exigirle que se imponga a las fuerzas naturales y que salve a sus caracteres, que no los deje sucumbir como si fueran seres abúlicos e inconscientes.

Quiero creer que Grases se limita a observar un fenómeno común y frecuente en algunas de las novelas hispanoamericanas más populares; no creo que se atreva a establecer esta categoría literaria: "la idea de la naturaleza, personaje en actuación absorbente del hombre, del pretendido protagonista humano de la novela americana".

En toda la gran novela española, el personaje domina su mundo ideal, desde Amadís y Oriana hasta Belarmino y Apolonio. Sólo el costumbrismo da más valor a las cosas que a los seres; para el costumbrismo las cosas apenas si tienen relación con los seres vivos, existen como cosas, separadas del propósito constructivo del novelista.

Hoy se vuelve en ciertos países (véase la novela norteamericana) a hacer uso de un nuevo realismo costumbrista, pero con un sentido evolutivo en que las cosas entran en un constante juego de formas simbólicas alrededor de los personajes. Las observaciones de Pedro Grases me parecen muy justas como constatación de hechos ya ocurridos, pero sería empobrecer el concepto de novela el darles validez de categorías literarias.

VIII

"DON SEGUNDO SOMBRA"

Ya no le sigue el escudero, siempre tan leal con la tierra;
ahora lo ronda un muchacho que asaltó la vida en acción de guerra.
Frente alucinada en el cruce cardinal de cuatro distancias,
el muchacho —a lomos del pingo— ventea el olor de las estancias.
Como cardo prendido al traje se lo había llevado su padrino,
y con el lazo y las boleadoras lo fué haciendo mejor latino.
Y aprendió a cebar la peciencia esperando que la pava hierva,
y el antiguo comunismo agrario en la comunión del mate y la yerba.
¡Oh, sueño de los campos iguales, siempre acostados sobre el suelo!
¡Oh, camino que anda y no llega, a lo largo del desconsuelo!
Hay que ser solidario: o perderse o seguir los rastros,
bajo la constancia severa y nocturna de los astros.
Siempre el menor tras el mayor, a quien no conoce y casi nunca nombra:
¡Fantasma o promesa a caballo, con cuánta razón te llaman sombra!

ALFONSO REYES

En ocasión del vigésimoquinto aniversario de la publicación de *Don Segundo Sombra* escribí para la revista "New Mexico Quarterly" un breve ensayo sobre la novela de Güiraldes. Como esta revista circula especialmente entre gente de habla inglesa y en un espacio de limitadas proyecciones geográficas he resuelto repetir aquí lo dicho anteriormente y agregar algunas consideraciones acerca del gran libro nacidas al calor de la lectura de un ensayo de Ciro Alegría sobre *El personaje en la novela hispanoamericana*, leído en el Quinto Congreso del Instituto Internacional de Literatura Iberoamericana.

Al hablar en 1951 del vigésimoquinto aniversario de la que yo considero la novela principal de la literatura argentina indico que el año de su publicación fué 1926. *Don Segundo Sombra* nace bajo buena estrella. Viene precedida de la reputación lírica de su autor, quien en 1915 publica *El Cencerro de Cristal*, libro que le señala como precursor de tendencias novísimas. La crítica argentina primero y luego la hispanoamericana reciben a *Don Segundo* con unánimes manifestaciones de aprecio y admiración. Desde entonces hasta hoy la alta categoría estética de la obra es reconocida en todas partes y ya podemos definirla como novela clásica, en la connotación más aceptada de este vocablo: la mejor en su género.

Para dejar establecida de una vez la validez de mis palabras, deseo citar aquí la opinión de don Federico de Onís, para mí la autoridad más alta en esta materia. Dice, hablando del autor y de su obra: "De familia pudiente, le fué posible llevar una vida que ofrece dos caras: la del estanciero tradicional de la Pampa y la del trasplantado al mundo europeo parisiense. El equilibrio entre estas dos vidas prestó a cada una de ellas una intensidad máxima. El mismo equilibrio se encuentra realizado en su obra, la más europea y la más argentina, la más moderna y la más tradicional, y al mismo tiempo la de mayor originalidad y trascendencia que se ha producido en América en este siglo." (*Antología de la poesía española e hispanoamericana*, p. 964.)

Don Segundo pertenece al género gauchesco por cuanto trata de la vida de la pampa, de sus hombres, sus trabajos y su ambiente. El estilo es el de los habitantes de la provincia (no de la ciudad) de Buenos Aires; es el modismo regional que Güiraldes conocía tan bien como el español. Sin embargo, *Don Segundo*, siendo obra gauchesca, no tiene nada en común con las novelas truculentas de Eduardo Gutiérrez, el iniciador de este género, ni con los poemas consagrados de la épica popular, *Martín Fierro* y *Santos Vega*.

Don Segundo es la narración que hace de su propia vida un gauchito mozo que aprende los trabajos de la pampa bajo la dirección de su padrino, don Segundo Sombra. El libro es una demostración del afecto y de la admiración que el joven siente por su mentor. Desde la primera vez que le ve "enorme bajo su poncho claro" hasta que se despide de él y se queda "como quien se desangra", el gauchito nos revela y nos hace sentir la lealtad entrañable que siente por su maestro. El gauchito aprende bajo la dirección de don Segundo "el más macho de los oficios", es decir, todos los conocimientos del hombre de pampa: saberes del resero, artimañas del domador, manejo del lazo y de las boleadoras, ciencia de formar un buen caballo, preparación de bozales, riendas, cinchas, etc.

Cuando al fin de la novela el gauchito hereda una gran hacienda, don Segundo le acompaña por tres años y luego se despide de él y se aleja por la pampa, cumpliendo así su destino de hombre errante.

Don Segundo Sombra es más una idea que un hombre; de aquí la palabra sombra, algo que está más allá de la realidad concreta. Don Segundo es la hombría hecha individuo; don Segundo sintetiza el sentimiento de la libertad, la perfección en los trabajos, la dignidad en los actos sencillos o grandes, la paciencia, el estoicismo, la bondad y el humorismo de todos los gauchos de la historia; es el gaucho ideal que Güiraldes llevaba dentro de sí, el gaucho de sangre y hueso que en la vida se llamó Segundo Ramírez.

Lo que el gauchito admira en su padrino es esto: la serenidad en el peligro, la hombría de bien, el valor inaudito, la modestia, el conocimiento perfecto de la técnica del resero, el desdén por la riqueza. Don Segundo es gaucho, es decir, es hijo de Dios, del campo y de sí mismo. Don Segundo se define cuando exclama: "Si sos gaucho, en de veras, no has de mudar, porque ande quiera que vayas, irás con tu alma por delante, como madrina 'e tropilla."

El gauchito es el discípulo fiel e inteligente; es la admiración hecha hombre. Don Segundo habría podido hacer de él lo que hubiera querido, un jefe de montoneras, un gaucho matrero, un esclavo de su voluntad. Prefirió hacerlo a su imagen, gaucho completo en su sencillez y en su grandeza. El gauchito posee además lo que don Segundo parece haber perdido con la edad: la emoción juvenil de las primeras sensaciones de belleza, la alegría loca de la pampa en los amaneceres, la sensación de la lluvia en los pastos resecos y en la piel de los caballos, el placer de sentir la luz fresca en el campo y en el agua, la exaltación de vivir en libertad que en don Segundo está latente pero diluída bajo una neblina de filosofía adulta.

El gauchito vive la primera juventud de don Segundo, esa que adivinamos en él sin conocerla, esa juventud sin la cual no habría héroe en esta narración. Cuando el gauchito se convierte en señor de estancia, buscará en los libros y en la cultura, con la misma intensidad que en la pampa, la alegría profunda de los descubrimientos y las revelaciones.

Con estos dos personajes se teje la novela. Del pleamar

constante de sus experiencias, internas y externas, se nutre el interés del relato. El escenario es la pampa, como fondo emotivo, teatro de experiencias y fuerza ideal; la novela es movimiento y espacio, camino y campo. Movimiento por lo que se refiere a los viajes constantes y a la vital sucesión de sensaciones y emociones; espacio, en un sentido real de lugares y de ilimitados mirajes de fantasía. ("Tener alma de resero es tener alma de horizonte".)

"¡Caminar, caminar, caminar!", exclama el gauchito. En eso se resuelve al fin la existencia de don Segundo, en voluntad eterna de andar que es como una red de caminos y un ansia de posesión de mundo cada día aumentada. Y por eso, cuando el gauchito tiene que quedarse en la estancia, siente que su vida ha terminado, y para no morirse del todo busca una nueva existencia en los libros. Si la pampa está llena de caminos, el alma de los dos personajes está llena de horizontes que la invitan a su expresión total, a su más logrado desdoblamiento.

Se supone que la novela ha sido escrita por el gauchito después de su transformación en estanciero y hombre culto: es decir, después de adquirir un estilo. Recordemos que desde niño el gauchito posee una fina sensibilidad y un entrañable orgullo ("Había ya aprendido a tragar mis lágrimas y a no creer en palabras zalameras"), que se ha hecho hombre estoico y filosófico bajo la mirada de don Segundo, que los viajes le han encendido la imaginación, que mil experiencias le han enriquecido su mundo interno; así comprenderemos mejor su manera de expresarse. Cuando escribe:

> Encima nuestro, el cielo estrellado parecía un ojo inmenso, lleno de luminosas arenas de sueño. El sueño cayó sobre mí como una parva sobre un chingolo,

Güiraldes está haciendo la fusión de la facultad poética del mozo y del realismo de su visión. "Encima nuestro" guarda el sabor rudo del modismo argentino; "lleno de luminosas arenas de sueño" es el tono poético que asegura una categoría literaria, una calidad de escritor. "El sueño", valor abstracto, desciende a la imagen concreta del ojo del gaucho que muchas veces ha visto caer "una parva sobre un chingolo".

Por aquí podemos acercarnos al estilo de Ricardo Güiraldes. Su propósito es el uso constante del habla campesina, con fidelidad, pero sin el vano deseo de ser siempre pintoresco y exótico, como es el caso de Hernández en su *Martín Fierro*. Las cosas pequeñas de las faenas campestres, esas cosas que de puro insignificantes parece que no tuvieran nombre, los verbos ya olvidados por los hombres de las ciudades y gratos a los gauchos, los substantivos exactos del arte del resero, los adjetivos y adverbios consagrados por el continuo uso regional, las interjecciones de aspecto mutilado, las frases a medio empezar, las repeticiones enfáticas son los recursos más constantes de este estilo. Pero todas éstas son formas genuinas, no inventadas por el autor. Otros fenómenos lingüísticos, arcaísmos, indigenismos, variaciones fonéticas, ultracorrección, analogías, tienen para nosotros menos importancia, ya que su uso puede encontrarse en otras regiones, ya sea en la América latina, en España o en Nuevo México. A través de la lectura de *Don Segundo Sombra* no se hallan esos giros de pedantería erudita que desfiguran el estilo de tantos escritores gauchescos, giros que pueden impresionar al lector extranjero, pero nunca al habitante del país.

Don Segundo Sombra se sale del estrecho marco de la novela gauchesca para adquirir el contorno de una obra de tipo universal. Su héroe es un hombre acondicionado a la vida regional por aquello que es más perecedero —idioma, indumentaria, oficio, modo de vivir— pero por sus más profundos procesos vitales don Segundo puede aspirar a la categoría de ciudadano universal. La dignidad de su persona impone respeto en cualquier parte y nos imaginamos que don Segundo podría entrar en un salón de París o de Nueva York, con botas, espuelas y chiripá, sin que nadie osara reírse de él. Y en su caballo don Segundo podría haber acompañado en sus paseos por Hyde Park a ese gaucho inglés que se llamó R. Cunningham Graham (don Roberto, para los argentinos), o a W. H. Hudson, el famoso autor de *Far Away and Long Ago*. Su dignidad y la seguridad de sus palabras y de sus actos le harían sobresalir en cualquier medio social.

Como novela *Don Segundo Sombra* cumple con el más ceñido concepto español del género: realismo puro, alto sentido del humor, concentración del interés en dos personajes, presentación rápida de una galería de tipos interesantes, dinamismo interno y externo. De este modo, a respetable distancia, va siguiendo las huellas del *Lazarillo de Tormes* y del *Quijote*.

Pone fin *Don Segundo Sombra* a la novelería de las obras de su clase, a la estúpida sucesión de episodios melodramáticos, violentos, a las acciones de gran aparato y pobre psicología, al sentimentalismo cursi y al erotismo de mal gusto. Y sin embargo, la novela no carece de sentimiento sino que posee esa emoción tan honda que se desprende de los actos humanos que son el resultado de un realismo auténtico.

De la lectura de *Don Segundo Sombra* se desprenden serias enseñanzas, como frutas maduras de un árbol. Un ensayo que versara sobre la seguridad y la confianza en la vida, que tratara de la armonía entre las limitaciones y las ambiciones humanas, podría llamarse *Gauchismo y filosofía;* otro que estudiara la formación y el desarrollo del carácter, podría intitularse *Gauchismo y pedagogía.* Un ensayo así podría revolucionar la pedagogía contemporánea que insiste en atiborrar la mente del estudiante de pseudo-ciencia, información pedantesca y verdades a medias, olvidando esa armonía del conocimiento, la moral y el carácter que nos legara la cultura humanista. Habría que cavilar sobre otros temas tales como *Gauchismo y nacionalidad, Gauchismo y poesía, Gauchismo y religión, Gauchismo y estilo.*

En su trabajo presentado al Congreso, el novelista peruano Ciro Alegría discute el problema del personaje en la novela hispanoamericana y llega a la conclusión de que ella carece de lo que es elemento esencial del género: el personaje. Reconoce el novelista peruano que "*Don Segundo Sombra* es una obra de calidad por su bien proporcionada estructura, donde nada sobra ni falta, su estilo limpio y trabajado, su pampero aliento poético, mantenido de comienzo a fin, principal sostén del libro", pero "el personaje don Segundo es altamente artificial y el defecto se extrema si lo cotejamos con ese otro gaucho llamado *Martín Fierro*."

Veamos en qué consiste esta artificialidad del héroe. Según Alegría a don Segundo "jamás le ocurre nada malo, nunca tiene ningún problema, es física y espiritualmente perfecto, ha aprendido el arte del cuchillo a fuerza de fintas porque él mismo confiesa que no mató a nadie. Va por la Pampa, llanura a la cual el autor condiciona para el paseo y que resultaría una perfecta égloga de pasto, horizontes y cielo, si no fuera por unos cuantos porrazos, otras dos peleas y los cangrejales. Quienes partieron en pos de la camisa del hombre feliz fracasaron por no encontrarse con don Segundo. Y suponiendo que fuera perfecto, como de hecho lo es en la novela, ¿no es una contingencia vital, completamente lógica, que la perfección traiga también conflictos?"

Claro está que no estamos de acuerdo con esta manera de juzgar a nuestro héroe. A don Segundo no le ocurre nada malo simplemente porque su conocimiento de la vida le permite evitar lances imprevistos y fatales; nunca tiene ningún problema porque su filosofía de la vida consiste en encontrarles soluciones antes que se resuelvan en realidades; ha aprendido el arte del cuchillo sin matar porque si así no hubiera sido don Segundo tendría la estatura enana de los gauchos de Eduardo Gutiérrez. El que la Pampa sea o no una perfecta égloga de pasto, horizontes y cielo, depende del lugar de observación, de la estación del año, del estado orgánico y mental del observador y hasta de la actitud positiva o negativa de dos críticos sobre una misma obra. Yo he visto la pampa desde la ventanilla de un vagón de ferrocarril y otra vez por debajo del ala de un avión y siempre creí que era un lugar ideal para vivir y para escribir idilios y sonetos. Cuando Ciro Alegría declara que es una contingencia vital que la perfección traiga conflictos parece negar la existencia del gran conflicto final de la novela: la partida de don Segundo de la hacienda de su discípulo, que para mí por lo menos tiene toda la intensidad de una tragedia.

Comparar a don Segundo con Martín Fierro, "hombre capaz de amor y odio, de valor y temor, de constancias y desaliento, de risas y lágrimas, en otras palabras, a un ser humano, a un gaucho arrancado de la existencia" y declarar la superioridad del segundo sobre el primero me parece restringir indebidamente el concepto de creación literaria con un patrón de realismo puro. Cuando Alegría afirma que Güiraldes no pudo ser testigo de las acciones de su héroe y por lo tanto la esencia del personaje novelesco se le ha escapado yo podría contestarle que en eso consiste su mérito, en haberlo sacado mondo y lirondo de su imaginación, y que no se le ha escapado la admirable creación artística de don Segundo sino la figura cruda y vulgar del gaucho real.

Al cumplir un cuarto de siglo, la novela de Ricardo Güiraldes está viva. Ya no necesita de la crítica incondicionalmente admirativa ni del falso criterio de "argentinismo" para triunfar. No vale defenderla ni atacarla y por eso considero que las ideas de mi amigo Ciro Alegría y las mías no son sino una forma de homenaje que aspira a presentarse en varias formas. Han salido por ahí nuevos Avellanedas con sus segundas partes pero en medio de gárrulas imitaciones *Don Segundo* se desliza en el espacio y en el tiempo como un río de purísimas aguas.

Muchas personas, sobre todo en los Estados Unidos, me han preguntado si *Don Segundo* es la mejor novela hispanoamericana. Yo, desafiando vientos y tempestades, he dicho que sí, que *Don Segundo* es una novela ejemplar, y que como tal debe figurar al lado de las novelas clásicas de nuestro idioma.

IX

EVASIÓN Y RETORNO

De vez en cuando, en la historia de una sociedad, aparece un libro que debería ser leído por todos; si la suerte le acompaña, pasa de las manos del intelectual a las de la gente de mediana cultura y todavía continúa su marcha hacia el pueblo; pero sucede también (por ciertas razones que no viene a cuento explicar) que el libro adquiere una breve reputación y luego se pierde en la indiferencia general.

Tomemos al azar dos libros que demuestran, cada uno a su modo, lo que acabamos de afirmar: el *Ariel* de Rodó y *Los Trabajos de Pío Cid* de Ángel Ganivet. *Ariel*, publicado en 1900, ha llegado a ser, como dicen muchos, el breviario de la juventud hispanoamericana; primero fué leído y comentado por los críticos, más tarde lo aceptaron los profesionales y los estudiantes, y hoy no hay hispanoamericano que no sepa lo que contienen esas páginas, y más de un norteamericano podría exclamar, refiriéndose a *Ariel* y a nosotros: "Timeo hominem unius libri." Por el otro lado, *Los Trabajos de Pío Cid*, que vió la luz en 1898, tuvo su día de relativo éxito y ha ido cayendo lentamente en un inmerecido olvido. *Pío Cid* es un libro lleno de ideas originales y de sanas sugerencias, un libro de alta pedagogía, un programa educativo del carácter que todos los españoles de hoy deberían conocer. ¿Por qué razones misteriosas dos libros de méritos nivelados han tenido una trayectoria tan desigual? No lo sabemos pero francamente nos inquieta el fenómeno.

Labor elemental del crítico me parece orientar el camino de los buenos libros para que ellos cumplan su destino, aunque se llegue a lo elemental pedagógico y didáctico, y en nuestro continente un buen libro debe ser ampliamente comentado para que penetre todas las capas culturales.

He hecho estas observaciones preliminares para ocuparme del libro *La Adolescencia como Evasión y Retorno* del doctor Juan José Arévalo, publicado por primera vez en Buenos

Aires en 1941 y vuelto a editar en Guatemala en 1945. Es éste un pequeño volumen de cien páginas que, por lo sencillo y humano, podría ser considerado paradigma de obra científica. El tema, la psicología del adolescente, es de suyo difícil y es materia más propia del especialista que del lector ordinario, y sin embargo, el doctor Arévalo lo desarrolla con tal facilidad y cariño que ha hecho de él un motivo de interés general. Su método al estudiar la adolescencia y sus problemas es ejemplar: observa en primer lugar su evolución personal, luego la compara con la de sus compañeros y alumnos, aprovecha después sus experiencias de maestro y hace por fin el análisis de los estudios técnicos mejor documentados. Con todo este bagaje de observaciones y de documentación no le es difícil llegar a rápidas y directas conclusiones.

Empieza el autor por darnos una definición de adolescencia. Si comulgamos aquí con el filósofo de la educación no dejamos de celebrar el fino espíritu del poeta. Para él

> Los fenómenos orgánicos y espirituales que dan carácter y sentido a la adolescencia suceden como eco y cortejo de la maduración sexual y de la irrupción de lo sexual como problema, o sea del advenimiento de la conciencia de lo sexual.

Lo cual da cierto aspecto de materialismo a su pensamiento, pero él, consciente de este reparo, se apresura a precisar su punto de vista:

> Pero el sexo no es simplemente una conformación orgánica: es también, y sobre todo, una esencia espiritual. El Eros, fuego sacro, confirma y prolonga la animalidad de los hombres, al tiempo que los inicia en el camino de la santidad.

Y ya en este mirador espiritual, agrega:

> Con el desorden orgánico se da una alarma general y sus resonancias emotivas perturban las más altas esferas espirituales. Mientras el cuerpo se acomoda al fiero huésped, lo denuncia y lo consiente, el alma se perturba, se turba, se amplía, se recoge, se emancipa. Con el pudor nace la angustia: con los primeros ensueños, la mayor nostalgia.

En este período el adolescente adquiere la conciencia de su sexo en una maravillosa sucesión: primero como asombro, después como obsesión y por último como conocimiento. Ante la indiferencia familiar y social, el adolescente se aísla en un mundo íntimo de ideales y arquetipos. Este aislamiento no es estéril porque el ser se inicia en el misterio de la valoración. Al evadirse, el adolescente desestima al mundo incomprensivo.

Ya habían tratado estos cambios psicólogos de la categoría de Stanley Hall, Spranger, Freud, Adler, Jung, y otros, pero el doctor Arévalo ha continuado sus observaciones en un terreno nuevo porque no es posible el salto violento de la adolescencia en su primera etapa hasta la edad viril. Es necesario explicar cómo se opera el proceso de la evasión al retorno.

El mundo desvalorado es un desierto para el adolescente. Al abandonarlo no muere, sin embargo, sino que sigue buscando alguna solución en su nuevo refugio íntimo hasta que logra dar con su propio valor como entidad personal, con su "yo"; esta concepción de su propio valor lleva al adolescente a una teoría de redención universal; se cree una especie de salvador de un mundo perdido. Mas como él mismo se da cuenta de que está desorientado en la vida, de que sus alas son demasiado frágiles, de que es incapaz de llevar a la acción su ardiente sueño, busca con ansia la mano guiadora y la autorizada voz de un maestro, y al encontrarlo empieza su verdadero retorno al mundo: "la curva de la adolescencia ha empezado a cerrarse."

Pero es éste un paso inicial en el camino del retorno, pues pronto el adolescente dará otro aún más fundamental: el descubrimiento del Amor. El doctor Arévalo nos define así este nuevo suceso:

> Esta especie de amor, eso que la humanidad de todos los siglos ha llamado "amor sublime", es un fenómeno de adolescencia. No negamos que pueda producirse o repetirse en otras edades. Afirmamos, nada más, que la adolescencia es la edad propicia a su estallido, por la virginidad orgánica y la limpidez espiritual. La falta de hábitos fisiológicos y la ausencia de turbias decepciones pone a los adolescentes en condiciones óptimas para recibir el fuego sagrado, aco-

gerlo con todo el ser y permitir el beso del aura que a ratos se tornará en tormenta.

Claro está que ese amor puede producirse en otras edades, puede llegar con precocidad y puede demorarse como en el caso de los caballeros medievales enfermos de nostalgia por sus princesas lejanas, como en el amor maravilloso de Don Quijote por Dulcinea, pero en la adolescencia es proceso normal.

Este puro amor del adolescente no exige nada, es una entrega absoluta, una dádiva interminable. Y es retorno a un mundo que él ya sabe mejor, el mundo en que vive la mujer ideal, la mujer de su ensueño. Su generosidad innata quiere ir aún más allá; revalora el mundo, quiere ampliar su dádiva, quiere perfeccionar a todos los hombres. Se despierta en el adolescente el espíritu de colaboración, el espíritu colectivo; es decir, ha efectuado ya el retorno completo, está reintegrado a la sociedad.

El proceso de retorno, que nos señala el doctor Arévalo, es un concepto claro, humano, lógico. Lo aceptamos casi en su totalidad, aunque a veces nos inquieta un poco la dificultad de fijar límites de tiempo, ya que muchas veces ese retorno se efectúa tardíamente y en muchos casos no se efectúa nunca. Hay adolescencias interminables, frecuentes entre los artistas, demasiado frecuentes para la tranquilidad del psicólogo.

El doctor Arévalo es antes que nada educador, razón por la cual no se detiene en el punto terminal del psicólogo sino que a continuación echa las bases para una pedagogía del retorno. La educación tendrá que preocuparse con inteligencia de este proceso evolutivo del adolescente; cualquier error de pedagogía puede ser fatal para la madurez del individuo. Cada uno de estos períodos está formado de factores positivos y negativos y el deber de la educación es favorecer la expresión de estos últimos. El muchacho ridículo e impertinente es una especie de argonauta en busca de su propia dignidad:

> Los maestros tendrán que esforzarse mucho para atender con simpatía y encauzar con cariño eso que hasta hoy ha

sido para ellos la antipática petulancia del muchacho, su vacía suficiencia. *Mirar con simpatía lo antipático:* he aquí el gran principio educativo para la adolescencia.

Nobles y bellas palabras que deberían servir de pórtico a todas nuestras escuelas. Todos nosotros debemos acusarnos de este pecado de incomprensión frente al estudiante insatisfecho, altivo, excéntrico que se debate entre su desorientación y su anhelo de mejoramiento.

El deseo inmanente de perfeccionamiento que existe en todos los muchachos se estrella en el muro de cemento del profesor incapaz y rutinario. La elección de un conductor, de un guía moral e intelectual es de tal importancia para el futuro del estudiante que parece ocioso discutirla. Es el deber elemental del Estado proporcionar estos guías sin los cuales el muchacho irá a tientas por la vida. Generaciones enteras de estudiantes huérfanos han clamado en vano por un maestro que les muestre el camino, y seguirán clamando porque es imposible pensar en tales conductores en nuestros pobres países. Y cuando aparece, como un milagro, este maestro, él y sus alumnos son las víctimas de una sociedad reaccionaria y de un sistema político autoritario y ciego.

El doctor Arévalo señala el valor educativo de la experiencia amorosa y llega a la conclusión de que cuando se estorban los primeros amores se causa una perturbación espiritual. Lo hemos visto comprobado en los primeros ensayos de coeducación que se hicieron cuando fuimos estudiantes. Se nos aplicaba entonces "la pedagogía del suplicio" y teníamos que ocultar los sentimientos más puros de nuestra alma, lo más elevado de nuestra conducta, ya manchados por una torpe concepción de moral de parroquia. Si hubiéramos tenido entonces un maestro que nos hubiera dicho con las palabras del doctor Arévalo: "hay muy pocas cosas en este mundo que puedan reponer la felicidad que produce ese amor juvenil vivido normalmente", nuestras vidas habrían sido más claras y más puras. Sólo nosotros sabemos lo que significa esa pérdida, nosotros que de adolescentes platónicos saltamos a una virilidad de oscuras ansias y experiencias vulgares. Eso no lo podemos perdonar, ese desgarramiento del primer ensueño en nombre de una educación equivocada, porque equivale a la muerte brutal del pájaro en el canto.

Ahora el joven, ya de vuelta a su mundo, siente el ansia de demostrar la propia eficiencia, "de demostrar que posee recursos espirituales que lo autorizan para alternar dignamente con el resto de los trabajadores en la empresa colectiva de la redención social." ¿Qué responden sociedad y escuela a estos nobles anhelos del muchacho? Los padres por un lado se interesan sólo en conseguirle un empleo y un sueldo; la escuela le ha dado una serie de conocimientos inútiles que nada tienen que ver con el ambiente donde va a desarrollar su actividad. El adolescente necesita otra cosa:

> Una ocupación concreta en la cual halle curso natural la energía singular de su espíritu en formación, una ocupación que arroje un saldo inmediato en beneficio social, tenga o no su traducción en determinada suma de dinero.

Para contrarrestar la influencia fatal de la "escolaridad" y de los estudios huecos, menester es entonces la vuelta al taller, la iniciación en los oficios productivos. Con este bello ideal satisfecho el joven se encontrará en perfecta armonía; todavía tiene la perspectiva de una vida intelectual.

Yo sigo en esto al doctor Arévalo. Yo sé que en las universidades y escuelas superiores de los Estados Unidos los muchachos saben variados oficios. Unos son albañiles, carpinteros, mecánicos; otros, marineros, leñadores, aviadores. Uno de mis propios alumnos, que pronto se iba a doctorar, se ganaba la vida como conductor de tranvías, otro era marinero y cada vez que su barco llegaba a San Francisco se presentaba a un nuevo examen. Para estos jóvenes los estudios adquieren una nueva significación, más humana y profunda.

Guatemala, la patria del autor, podría ofrecer muchas facilidades a los estudiantes en este sentido. Podrían resucitarse las industrias indígenas y dignificarse los trabajos en metales, tejidos, alfarería; el joven guatemalteco posee dotes naturales para expresarse gráficamente y yo he conocido allí excelentes talladores, grabadores, carpinteros, pintores, etc. Los educadores de Guatemala deben tener muy en cuenta la vocación y el gusto del alumno al iniciarle en una nueva serie de trabajos.

Un programa educacional de este tipo sería un experimento que podría tener eco en todo el continente. En todos los países hispanoamericanos la educación sufre de los mismos defectos y la vuelta al taller podría ser por lo menos una solución parcial. No es posible que nuestro continente siga abrumado de burocracia y de política; que el único ideal de los jóvenes sea la obtención del empleo o el ingreso en un partido político determinado para surgir. Esto nos desmoraliza totalmente y nos cierra todos los caminos. Es necesario volver al taller para dar al joven independencia económica suficiente para la formación de su personalidad y su carácter. Así desaparecerá la adulación, el servilismo, y por lo tanto el caciquismo y la dictadura. Podemos asegurar que no tendremos democracia en Hispanoamérica sino cuando reivindiquemos los derechos del trabajo manual, porque para nosotros Democracia debe ser una concepción pragmática y no una simple representación perceptiva.

X

LA EVOLUCIÓN SOCIAL Y LA NOVELA EN MÉXICO

Más de una vez he afirmado que la literatura hispanoamericana ha llegado ya a su período de madurez. En esta seguridad podemos entonces emprender una serie de estudios de carácter derivado y llegar a conclusiones interesantes no sólo para el crítico literario sino también para el sociólogo, el historiador o el político.

En el presente ensayo quiero hacer algunas consideraciones acerca de la evolución social de México como desprendimiento de la lectura de algunas de las novelas más representativas de esta zona geográfica.

Ese laboratorio sociológico que es México me abre el camino; pero antes, y como observaciones iniciales, haré algunos comentarios rápidos sobre ciertos cambios políticos, sociales y económicos operados en la América hispana, que pueden servir como puntos de orientación en este estudio.

El gran desarrollo industrial que comienza en la segunda mitad del siglo XIX transforma por completo a nuestro continente. Producido por la gran corriente inmigratoria europea, su primera consecuencia es el enriquecimiento rápido de la clase capitalista, el crecimiento vertiginoso de las ciudades, la creación de instituciones de tipo democrático, el avance de la educación popular, el debilitamiento de las oligarquías y dictaduras, el despertar de la conciencia gremial de los trabajadores, y una progresiva igualación social. Algunos de estos signos de progreso son permanentes y otros temporales, pero en el fondo ha quedado establecido un proceso de evolución económico-político-social que las fuerzas reaccionarias podrán retardar pero no destruir.

Hacia fines del pasado siglo surgen ya como grandes ciudades Buenos Aires, México, São Paulo, Río de Janeiro, Santiago de Chile; se empiezan a amasar las grandes fortunas de los ganaderos, industriales, mineros, agricultores, banqueros, comerciantes y agiotistas. Adquiere vigor una naciente clase media que pronto dominará el panorama político e intelectual de nuestros pueblos, afianzando su crecimiento y su poder en seguros principios democráticos. La vida industrial de las ciudades mejora el nivel económico de los trabajadores y crea su conciencia gremial con sociedades de tipo democrático y confederaciones obreras. Al mismo tiempo, la riqueza urbana hace nacer el deseo de una mayor cultura y se da un fuerte empuje a la educación popular.

Los términos democracia y libertad empiezan a tener un significado más real, debilitando así el sistema político imperante en la primera mitad del siglo: la autocracia. Los caudillos van cayendo uno por uno y los primeros presidentes constitucionales y democráticos aparecen en América, los gloriosos nombres de Juárez, Balmaceda, Sarmiento.

Este caminar hacia el progreso se hace más evidente en nuestro siglo. Aumenta la corriente inmigratoria, la minería adquiere un auge inaudito, el petróleo, el salitre, el caucho, el azúcar, el café, el trigo, y hasta las bananas y el turismo, vienen a constituir nuevas fuentes de riqueza.

Pero al mismo tiempo que se verifica el adelanto portentoso de la industria, el comercio y la explotación de las materias primas, se pone en evidencia el desequilibrio inquietante de la distribución de la riqueza. La desigualdad económica parece ser un mandato fatal en nuestras sociedades y mientras más aumentan las fortunas de los ricos, más evidente es la miseria del trabajador, del campesino y de las razas aborígenes. La democracia política ha traicionado al pueblo creando nuevos privilegios para unos e injusticias para otros. Se siente la necesidad de ir a una estructura democrática aplicable también al terreno económico y social. Las grandes masas de hombres explotados adquieren conciencia de sus derechos humanos, guiados primero por el ejemplo democrático de los Estados Unidos y después por las doradas promesas de los propagandistas de extrema izquierda. Surge así el problema máximo de la América hispana: la lucha entre el capital y el trabajo, entre los explotados y los explotadores, entre la miseria y la riqueza.

Y la democracia sufre fuerza. Cuando las masas exigen

condiciones humanas de vida y de trabajo se movilizan las llamadas fuerzas del orden social y se suprime por las armas la protesta, la huelga o el conato revolucionario. Por un rápido proceso antidemocrático se suprimen primero las garantías constitucionales y se va por fin a la dictadura y al despotismo.

Se agranda de este modo el abismo que separa al proletario del patrono; al liberal del reaccionario; a la libertad de la concepción totalitaria de gobierno. Y por esto en la América hispana se pasa con increíble facilidad de la democracia demagógica a la forma más absoluta de régimen dictatorial.

La dictadura brutal engendra la resistencia clandestina, la formación de grupos rebeldes; las actividades democráticas se convierten en factores de violencia y los hombres que representan el espíritu progresista se hallan de pronto en el campo de los más exaltados revolucionarios. La juventud liberal, siempre dispuesta al sacrificio, se une a estos grupos de resistencia y desafía abiertamente a las fuerzas de la reacción y el absolutismo.

Éste es un proceso común en toda América. Dejaré de lado, sin embargo, los avances del liberalismo en Sudamérica: la lucha contra la oligarquía chilena de 1918; la reforma universitaria argentina del mismo año; el establecimiento de las universidades populares González Prada en el Perú; la fundación del Partido Aprista de Haya de la Torre, y la propagación de sus principios por todo el continente, para limitarme a observar "el caso de México".

En 1910 estalla la revolución en contra de la dictadura de Porfirio Díaz: treinta años largos de opresión y rígida disciplina, en que el caudillo gobierna a su país como un señor feudal. Con el asesinato de don Francisco Madero, México cae en una anarquía que dura cerca de veinte años. Los principios más elementales del movimiento maderista son traicionados por generales ambiciosos de mando y por jefes políticos sin principios. Cuando parece que la revolución ha sido un completo fracaso, el gobierno de Lázaro Cárdenas logra dar sentido y realidad al principio revolucionario y México entra en una era de paz y de reconstrucción democrática cuyos resultados son hoy evidentes. Es el momento más alto de la Revolución.

Los escritores mexicanos, que en tiempo de Don Porfirio vivían evadidos de la realidad social cultivando casi exclusivamente la poesía lírica o la novela romántica y costumbrista, entran —con la revolución— en un mundo de fuertes y amargas realidades. Parece que de repente artistas y escritores hubieran hecho el descubrimiento de la patria. El mismo año de la caída del tirano funda don Justo Sierra la Universidad Nacional de México; también se crea en ese tiempo el Ateneo de la Juventud, formado por jóvenes pensadores, literatos y artistas llenos de fe en la cultura y en los destinos de su patria. Entre sus fundadores figuran algunos de los que pronto iban a ser abanderados de nuevos movimientos culturales: Antonio Caso y José Vasconcelos, en filosofía; Pedro Henríquez Ureña y Alfonso Reyes en literatura; Diego Rivera, en pintura, y Manuel Ponce, en música.

El Ateneo abandona la olímpica actitud de los escritores del tiempo de Porfirio Díaz y trata de acercarse al pueblo. Establece así una sociedad de conferencias y luego organiza la primera universidad popular de la nación. Asistimos a un movimiento cultural revolucionario. Todos estos líderes del pensamiento son hombres de ideales sociales; y por lo tanto son innovadores en sociología y en literatura. Pronto encontrarán la fórmula que define ya cerca de medio siglo de arte mexicano: el arte al servicio del pueblo. Desde 1911 existe también en México lo que se llama el movimiento indianista. El interés por el indio va más allá del deseo de incorporarle a la vida cívica de la nación, de hacer de él un ser civilizado. Hay que preocuparse de su prehistoria; de aquí el desarrollo de la arqueología (Alfonso Caso, Gamio). Hay que interpretarle a través de la pintura (Orozco, Rivera, Alfaro Siqueiros), de la música (Chávez, Revueltas), de la literatura (Heriberto Frías, Mediz Bolio, Azuela).

Uno de los fundadores del Ateneo de la Juventud, D. José Vasconcelos, inicia reformas radicales en 1921, desde su alto cargo de Ministro de Educación. Con él empieza la gran popularización del arte en México. Él saca las estatuas de los museos y las esparce por parques y paseos públicos: él es el inicador de la publicación de una serie de obras clásicas universales (La Biblia, Dante, Esquilo) distribuídas gratis entre el pueblo: él envió centenares de maestros a ejercer su humilde magisterio entre los indios: él llamó a los grandes muralistas a trabajar en los edificios del gobierno: él dió impulso a la música nueva y ayudó a los escritores jóvenes. Vasconcelos es el animador de la vida educacional, intelectual y artística de su época.

Entre tanto la literatura se renueva en forma absoluta. Dos grandes poetas transforman y dan nuevo vigor a la poesía: E. González Martínez la hace profunda y filosófica; Ramón López Velarde la enriquece con sus temas de provincia y por fin, en su poema definitivo *La Suave Patria*, interpreta en forma magistral la grandeza y la belleza de su tierra.

La novela revolucionaria viene a ser el espejo en donde se refleja ese mundo torturado, complejo y caótico que es la sociedad mexicana de este siglo. Se igualan los símbolos expresivos, y a las escenas brutales de una realidad fatal corresponden las escenas macabras de los frescos de Rivera y de José Clemente Orozco, y las páginas dramáticas de las novelas de Mariano Azuela, Martín Luis Guzmán y Gregorio López y Fuentes.

Todo lo que es la revolución aparece en la novela. El fracaso del ideal de reforma y justicia encarnado en los principios de la ideología de D. Francisco Madero está latente en *Los de abajo* (1916); Azuela ve la revolución sin criterio partidarista, tal como es en su amarga realidad, y por eso se ha dicho de él que no es un revolucionario auténtico. El héroe de *Los de abajo*, Demetrio Macías, es, sin embargo, la concepción más axacta de ese general revolucionario que aparece después de la muerte de Madero: general sin ideales, sin cultura, que lucha por motivos personales y que muere sin dejar ni una huella en la historia o en el alma de su patria. Toda la galería de tipos populares que pasa por esta novela refleja la ignorancia, la crueldad, la concupiscencia de muchos revolucionarios que por un azar de la fortuna se convirtieron en líderes políticos.

Jesús Silva Herzog en un ensayo penetrante intitulado *La*

Revolución Mexicana en Crisis[1] reconoce el valor realista y documental de esta obra:

> La revolución mexicana, fuera de ciertas ideas políticas de que ya se ha tratado, no tuvo una ideología previa, no tuvo un programa en lo económico ni en lo social; la ideología de la Revolución se fué formando poco a poco, lentamente, en el calor de los combates, en el fuego de la contienda civil, y en el desencadenamiento de las pasiones populares. Ahí está la magistral novela de Mariano Azuela que pinta con exactitud el paisaje revolucionario, novela que al mismo tiempo que una obra de arte es un documento histórico verídico y de primera mano. Azuela no se propuso, como pudiera creerse, hacer una novela revolucionaria, eso no estaba de moda todavía; su mérito consiste en haberse limitado a escribir —y lo escribió bien— lo que había visto y la impresión que las escenas que describe produjeron en su espíritu de médico pueblerino.

La evolución del movimiento revolucionario está tan bien definida en *Los de abajo* que no podemos resistir a la tentación de volver a citar unas líneas del señor Silva Herzog dedicadas a explicar el proceso de la revolución, y que podrían aplicarse con justa razón a la novela de Azuela:

> ... la guerra adquirió el carácter de lucha de clases y se tornó sangrienta y radical. En el fondo fué una lucha de los pobres en contra de los ricos, de los desposeídos en contra de los poseedores, del proletariado en contra de la burguesía, del clero y de los latifundistas. El pensamiento socializante de la Revolución, nebuloso durante los primeros meses, no nació de la mente de sus jefes sino del dolor de las masas desesperadas y hambrientas. Tal vez deba hacerse una excepción, con respecto al zapatismo, ya que desde su iniciación tuvo un ideal absolutamente claro, ideal que sus caudillos sintetizaron en estas dos palabras: tierra y libertad.[2]

Esta lucha de clases es lo que da su color y su sentido a *Los de abajo* y la aseveración de que el pensamiento socializante no nació de la mente de sus jefes está palpablemente

---

[1] *Cuadernos Americanos*, 5, sep.-oct., 1943.
[2] *Ibid.*

demostrada en la explicación que da Demetrio Macías de la lucha al compararla con una piedra arrojada desde la cima de una montaña: el impulso lo dió la mano pero luego la piedra sigue rodando por inercia.

La crisis de la revolución mexicana que analiza Silva Herzog en el ensayo citado —falta de dirección ideológica; falta de honradez de los líderes; exceso de política— está ya anunciada en la miseria moral de los primeros jefes de la revolución según aparecen en la novela de Martín Luis Guzmán, *El águila y la serpiente* (1928), documento vivo de los primeros años de la revuelta. Esta novela es una serie de cuadros de violencia y una descripción de personajes históricos (Carranza, Villa, Ángeles, Obregón, etc.). Inútil buscar en esta obra un ideal definido de estructura moral; un propósito serio de reforma. Imperan, en cambio, la brutalidad de los jefes, la total ignorancia del pueblo, el caciquismo, la arbitrariedad, la relajación de las costumbres. Llega un momento, poco antes de 1915, en el cual no se sabe con qué jefe contar, pues todos están llenos de defectos. Guzmán ve la situación de este modo en su capítulo *Villismo y Carrancismo:*

> ... la Revolución iba, bajo la jefatura de Carranza, al caudillaje más sin rienda ni freno. Carranza sueña con la posibilidad fantástica de resultar un nuevo Porfirio Díaz... Villa era inconcebible como bandera de un movimiento purificador o regenerador, y aun como fuerza bruta se acumulaban en él tales defectos, que su contacto suponía mayores dificultades y riesgos que el más inflamable de los explosivos... El otro gran ganador de batallas, Obregón, se desviaba por la senda del nuevo caudillismo...

Éstos son los jefes máximos del movimiento; el novelista los ve tal como son y su actitud es claramente pesimista.

Guzmán acusa en su novela *La sombra del caudillo* (1929) a Obregón y a Calles de intervencionismo electoral y les declara culpables del asesinato de los jefes rebeldes Gómez y Serrano.

Es evidente que Martín Luis Guzmán es el intelectual para quien la revolución debe orientarse por un camino de altos propósitos patrióticos y morales, para quien es posible la regeneración de un pueblo hambreado y oprimido. Él, como José Vasconcelos, el otro intelectual de la revolución, representa la evolución del pensamiento político mexicano que más tarde encuentra su expresión en el gobierno de Lázaro Cárdenas. De todos los novelistas de la revolución, Gregorio López y Fuentes es el que conoce mejor a la gente de los campos, sus costumbres, su lengua, su psicología. En sus obras más conocidas, *Campamento* (1931), *Tierra* (1932), *El Indio* (1935), ofrece episodios de la lucha y hace observaciones acerca de su significado. Los puntos básicos del movimiento revolucionario son los temas de sus novelas, a saber: *a)* la distribución de las tierras, o sea la política ejidal, y la nacionalización del subsuelo; *b)* la separación de la iglesia de la política; *c)* la dignificación del indio, por la libertad y la educación, y *d)* limitación del poder de los extranjeros.

El Indio es su obra principal. Hallamos aquí una serie de escenas de vida indígena en una aldea remota de las montañas. El maestro de escuela rural aparece por primera vez como personaje principal, con una serie de ideas modernas sobre reformas educacionales, construcción de caminos, mejoras agrícolas, leyes protectoras del indio. La evolución en la manera de enfocar los problemas es evidente: el maestro de escuela, de espíritu renovado, presta más interés a los cambios económicos y sociales que a las frías disciplinas del alfabeto. López y Fuentes nos lo describe frente a sus alumnos:

> El maestro, al ordenar sus programas de enseñanza, pensaba, más bien, en ordenar sus programas sociales. Sus hermanos le confesaron que subsistía para ellos la contribución personal, abolida legalmente; luego era necesario denunciar el hecho, aun a costa de echarse la enemistad de las autoridades del pueblo. Le dijeron que las tierras recibidas no habían mejorado para nada su situación económica, tanto por la falta de recursos para cultivarlas debidamente, como por la falta de tiempo en vista de las exigencias de las autoridades: luego había que gestionar subsidios para hacer frente a los trabajos, refacciones para que el agricultor indígena no cayera en manos de quienes compran los productos en la mata; herramientas e instructores para abandonar los viejos procedimientos agrícolas. Le habían dicho que

muchas veces tenían que regalar sus productos, porque, debido a la falta de medios de transporte, no podían venderlos: luego, era necesaria una vía de comunicación, pero no como la que tendieron en el Valle para unir quién sabe qué lejanos lugares, por donde va el indígena a pie, envuelto en el polvo que levantan los carruajes, sino un camino que fuera la salida de las tribus, aisladas por el viejo temor racial.[3]

Como se ve ya estamos en un terreno ideológico en que el progreso económico es indispensable dentro del concepto revolucionario. Las autoridades deben proteger al campesino y toda forma de explotación debe terminar. Sólo así, por la nobleza del trabajo, será posible la regeneración del indio. El trabajo es la solución del gran problema agrario, y no la buena suerte, ni el azar, pues en su novela *Huasteca*, López y Fuentes nos relata el enriquecimiento y la caída de una familia del campo en cuyas tierras se descubrieron yacimientos petrolíferos. Aquí entran como factores importantes las compañías extranjeras, la casualidad, la falta de previsión del mexicano, su rumbosidad, y por fin su falta de carácter ante el fracaso económico.

Ya en su novela *Tierra*, que trata del levantamiento zapatista y del asesinato del héroe, se mezclan, con las escenas de intrigas dramáticas, teorías de política agraria. Zapata no sólo es el gran general que derrota a los federales sino el apóstol que predica la repartición de la tierra entre los indios. El celo socializante de López y Fuentes es tan intenso que a veces se olvida de que está escribiendo una novela y cita, como en un texto legal, la "ley del 6 de enero", que se refiere al fraccionamiento de la tierra. No es raro, por lo tanto, encontrar en esta obra frases de este cuño:

> ¿Y las tierras? ¿Van a seguir en manos de los ricos? ¿Y nosotros vamos a seguir de esclavos de los terratenientes? Vamos a luchar otra vez y hasta recuperar las tierras que nos han quitado.[4]

El propósito moral y casi docente de sus novelas es a veces tan determinante que en ocasiones nos da la impresión de

---

[3] *El Indio*, Norton & Co., pp. 154-155.
[4] *Tierra*, ed. México, p. 85.

un maestro de escuela o un ministro protestante predicando a sus neófitos para indicarles los errores que pueden cometer en la vida. Tales los casos de *Mi general* (1934) y de *Huasteca.* Sin embargo, hay críticos que ven en otras novelas de López y Fuentes el indicio más claro de la obra definida acerca de la reivindicación del indio en América. Así, Fernando Alegría, en una *Clasificación de la Novela Hispanoamericana,* dice:

> Es posible que no se haya escrito aún la novela que logre sintetizar en forma épica y en un plano auténticamente artístico el complejo drama del indio americano. Naturalmente, el terreno de las opiniones personales es siempre peligroso, pero me gusta pensar en López y Fuentes y en Icaza, entre los autores ya nombrados, como ejemplos de una novela indianista que se esfuerza por superar el dato concreto de la realidad inmediata para abarcar en poderosos símbolos el significado universal de la epopeya del indio americano. López y Fuentes porque en su novela *Los Peregrinos inmóviles* busca las raíces metafísicas de la discordia que parte en dos al pueblo mexicano; busca el origen religioso y mágico de una raza con dos cabezas, con dos templos diferentes, que insiste, sin embargo, en permanecer unida, hiriéndose, sangrándose, explotada, pero maravillosamente dinámica y tenaz.

Rubén Romero tiene un concepto místico de la revolución. Uno de sus personajes declama:

> Revolución es un noble afán de subir y yo subiré: es esperanza de una vida más justa, y yo me aferro a ella. Hoy más que ayer me siento revolucionario porque de un golpe volví a ser pobre. La Revolución, como Dios, destruye y crea, y como a Él, buscámosla tan sólo cuando el dolor nos hiere. *(Desbandada.)*

Pero, a pesar de este deseo de subir, hay en su mundo revolucionario exceso de violencia, brutalidad e injusticia. A menudo, después de habernos demostrado la nobleza y valentía del pueblo, Romero termina su relato con un episodio en que es evidente que todo se ha perdido y que el caciquismo vuelve a brotar sobre la sangre de los héroes.

Se pregunta Rafael Muñoz en una nota sobre Rubén Romero:

> ¿Dónde está la gran novela de los literatos revolucionarios? ¿Dónde está la obra de arte que presente al mismo tiempo que con claridad, con buen estilo y buen gusto, los orígenes, el desarrollo, los fracasos y los éxitos de la Revolución? ¿Dónde está, en fin, la novela que sea la síntesis, el alma de la Revolución? (*Homenaje a Rubén Romero*, Lear, Méx., 1937, p. 18.)

Y él mismo contesta a su pregunta:

> En realidad no existe una novela así, entre otras razones, porque nadie se ha propuesto escribirla. La Revolución ha sido tan extensa en superficie, tan profunda en orígenes, tan varia en aspectos, tan larga en tiempo y tan complicada en problemas, que no es posible, dentro de la técnica moderna de la novela, escribir una obra de arte que reuniera todo lo que se pueda decir de la Revolución. *(Ibid.)*

Es justo que se piense así al leer las novelas de José Rubén Romero, *Desbandada* (1934), *El Pueblo inocente* (1934), *Mi caballo, mi perro y mi rifle* (1936); justo porque parece que Romero debiera haber escrito la novela interpretativa de la revolución. Tiene este autor un estilo esencialmente popular, con el sabor penetrante de la lengua hablada; es dueño de un anecdotario riquísimo sobre personas y acontecimientos; conoce las costumbres provincianas y la psicología de su gente, y por fin, fué actor en la lucha revolucionaria. Y con todo, no ha hecho la obra representativa de este ciclo. ¿Por qué? Para mí que le falta convicción. Su humorismo constante le arrastra al escepticismo y a veces al cinismo.

Habría que hacer una excepción con su novela *La Vida inútil de Pito Pérez* (1938) en que se nos presenta en un solo personaje el alma atormentada del pueblo mexicano. Es curioso que a cien años de distancia Rubén Romero coincida en su manera estética y en su interpretación psicológica con Fernández de Lizardi, al crear un héroe de novela picaresca que expresa en sensibilidad y en acción lo mejor y lo peor que tiene el mexicano. En esta novela está la tragedia post-revolucionaria. La vida de Pito Pérez es el símbolo de un pueblo que no ha cumplido su destino y que va a la deriva, sin ideales y sin ambiciones, oprimido por los patronos, perseguido por la policía, hasta que un día se queda muerto sobre un montón de basura y sus cenizas son esparcidas por el viento. ¿Cómo dejar de creer que Romero está pensando en su pueblo al leer el testamento de Pito Pérez?

> Para los pobres, por cobardes, [dejo] mi desprecio, porque no se alzan y lo toman todo en un arranque de suprema justicia. ¡Miserables esclavos de una iglesia que les predica resignación y de un gobierno que les pide sumisión, sin darles nada en cambio!

Y no es que el pueblo sea malo por naturaleza. Es que no le han reconocido ni su dignidad ni su valor. Así lo expresa Pito Pérez:

> No creí en nadie; no respeté a nadie. ¿Por qué? Porque nadie creyó en mí, porque nadie me respetó.

El pueblo de México, como todos los pueblos de América, vivió por un siglo confiado en esa fórmula mesiánica importada de Francia: Libertad, Igualdad, Fraternidad. Pero un día despertó al sol de nuevas realidades y se dió cuenta de su engaño. Pito Pérez lo dice:

> ¡Libertad, Igualdad, Fraternidad! ¡Qué farsa más ridícula! A la libertad la asesinan todos los que ejercen algún mando; la igualdad la destruyen con el dinero, y la fraternidad muere a manos de nuestro despiadado egoísmo.

Yo no sé si los mexicanos aceptarán el modo de pensar de este novelista de tanta intuición, pero harían bien en escucharle porque Rubén Romero conoce la vida de la ciudad y de la aldea mejor que nadie. La miseria de la vida rural y provinciana de México constituye otra de las grandes lacras de la nación. El político contemporáneo cree que la capital federal es todo el país y que habiendo allí grandes hoteles, bancos, edificios gubernamentales, monumentos, millares de automóviles y tres millones de habitantes se ha salvado el país. En México pasa —aún en mayor proporción— lo que en todos los países hispanoamericanos: el país es una cabeza enorme con un cuerpo de enano. Y si llevamos esta diferencia al terreno de la economía no creemos errar al decir que la ciudad de México está arruinando al resto de la nación. ¿Será necesario recordar a los políticos que la capital no fué el centro inicial de la revolución de Madero?

Pito Pérez nos ha dado una guía documentada de la miseria de su patria, tanto material como moral. Por esta serie de cuadros nos damos cuenta de que la falta de evolución social y económica de México se puede demostrar con más propiedad que en los discursos de los parlamentarios, en un viaje de observación por sus provincias, aunque este viaje lo hagamos a través de una novela.

Quedan aún otros escritores de este período para quienes la revolución ha sido un desengaño: Rafael Muñoz revela conocer con exactitud la vida del famoso guerrillero en su novela *Vámonos con Pancho Villa* (1931). En ella se hallan los mismos lugares comunes, en boca de los campesinos: justicia, tierra, pan; pero lo que impulsa a estos hombres a la lucha es la adoración que tienen por Villa y un deseo de venganza por las humillaciones que han sufrido. Dos elementos se destacan en esta novela: antiamericanismo, manifestado en los episodios del ataque de Villa a la aldea de Columbus y en la expedición punitiva del general Pershing; y por fin, exaltación del mexicanismo, en sus características de lealtad al líder, valor personal, entereza de carácter. Hay en esta novela un personaje que podría ser el símbolo del pueblo mexicano en actitud heroica. Es el viejo Tiburcio Maya, fanático de Villa. El general le asesina a su mujer y a su hijita y el viejo le sigue como un perro fiel; por fin, hecho prisionero por los norteamericanos, se deja desollar las plantas de los pies, rechaza una recompensa de cincuenta mil dólares y se deja colgar de un árbol antes que revelar el escondrijo del general perseguido.

He mencionado los nombres principales de los novelistas que tratan de la revolución. Veamos ahora a los escritores del período post-revolucionario. El contenido social es, en este grupo, de más destacada figuración, en tanto que la acción episódica de la lucha pierde su interés dominante.

En algunos novelistas nos encontramos frente al teorizador

político para quien la literatura es un arma de propaganda y de combate. Su propósito evidente es poner la novela al servicio de la revolución social y hablar directamente a las masas. El ideal último de este tipo de escritor es crear en México un sistema de gobierno socialista.

El representante más destacado de este género es el escritor marxista José Mancisidor, autor de *La asonada* (1931), *La Ciudad roja* (1932), *La Rosa de los vientos* (1941). Recurre en él el tema de la lucha obrera, huelgas, ataques de la policía, asesinatos, brutalidad e injusticia de los patronos, etc.

En su *Explicación* a su primer libro, *Asonada*, Mancisidor nos dice exactamente lo que desea hacer de su novela "eminentemente mexicana y de actualidad". Es, lo que yo decía hace un momento:

> Si el lector, atraído por el nombre sugerente de la obra, piensa encontrar en ella escenas de humo de pólvora y de sangre, se equivoca completamente. (*Asonada*, p. II.)

Encontrará, sin embargo, la denuncia, el "j'accuse" formidable del escritor moralista de esta nueva generación. Así, escribe Mancisidor:

> En las líneas de sus páginas henchidas de verdad, se mueven los actores o protagonistas de la novela, sin un ideal elevado, sin una orientación definida, sin un concepto noble de sus ambiciones. Y todos ellos militares, hombres encumbrados en la vorágine de nuestra Revolución que —como otras tantas revoluciones— acaba "por devorar a sus propios hijos". *(Ibid.)*

Mancisidor escribe lo que él llama libros veristas, en los que se concreta a darnos su idea de lo que es la tragedia de México. Con palabras de inusitada franqueza condena a los generales que han traicionado la gran causa del pueblo:

> Porque —forzoso es confesarlo— han sido los grandes generales de nuestro ejército, hasta ahora, un escollo inabordable para la pronta realización de las aspiraciones populares; que los soldados, la tropa, los famélicos "juanes", inte-

gran únicamente la carne de cañón que lucha y se expone para que el jefe se encumbre o naufrague en el miserable pantano de sus torcidas ambiciones. *(Ibid.)*

Sobre este carcomido andamiaje social Mancisidor quiere construir su ciudad futura para las multitudes agobiadas por el peso de brutales tradiciones. Esta teoría revolucionaria incorpora otra vez la novela mexicana a la novela universal, dejándole en sus raíces el limo vigorizante del sufrimiento de su patria.

Dejando al margen de este estudio la obra de Mauricio Magdaleno: *Campo Celis* (1935), *El resplandor* (1937), *La Tierra grande* (1949), *Cabello de elote* (1949), en que todavía está palpitante el tema de la revolución; la de Jorge Ferretis: *Tierra caliente* (1935), *El Sur quema* (1937), *Cuando engorda el Quijote* (1937), *San Automóvil* (1938), *Hombres en tempestad* (1942), que demuestra una desilusión continua por lo que ha cumplido, o dejado de cumplir, la revolución; la de Xavier Icaza, en su *Panchito Chapopote* (1928), penetrante de intención y de sátira, quiero detenerme con más espacio en dos novelas que para mí son el producto ya maduro de la cosecha literaria de la última generación de escritores mexicanos: *Nayar* (1941), por Miguel Angel Menéndez, y *El luto humano*, por José Revueltas (1943).

La acción de *Nayar* se relaciona con la tribu cora, indios de Nayarit, en las sierras del mar Pacífico. La tribu cora ha mantenido su libertad a pesar de todos los esfuerzos que se han hecho para sojuzgarla desde los días de la Colonia. Ahí está, en la sierra de Nayar, aislada de todo contacto con españoles o mestizos, viviendo con sus supersticiones y sus antiguas costumbres. A esa tribu llegan el autor y su amigo, el mestizo Ramón Córdoba, fugitivo de la justicia por haber dado muerte al juez de San Blas que se había metido con su mujer. El autor, empleado de aduana en el pequeño puerto, decide acompañar a su amigo en la fuga. Se van por el río Santiago hacia la selva. Solicitan la atención del autor dos motivos: el mundo en que se mueven y la miseria del hombre que habita estos lugares. Se ve florear el frijol de los veranos, porque es el mes de marzo. En mayo estará lista la cosecha:

¡Cosecha! Milagro de la naturaleza prodigiosa, brote espontáneo de la tierra potente, empeñada en que los hombres vivan. Barbechos miserables, araños superficiales de arado de palo tirado por acémilas enclenques, en los que se deja caer una semilla cualquiera y florece. Cosecha que el campesino vende antes de dar el primer machetazo para tumbar el monte, al precio que le quieran dar, porque si no acepta no siembra y si no siembra no come. *(Nayar,* pp. 69, 70.)

Los dos amigos avanzan de noche por la selva negra y bravía. Pasan por tierras de salineras en que los trabajadores se quedan ciegos a fuerza de mirar la sal bajo el sol. Llegan a una pequeña isla indígena de donde les expulsan los nativos que no confían en el hombre blanco. Cruzan pueblos y aldeas. Camino del Tigre se encuentran con un grupo de indios coras, mineros en pleitos con gringos por la explotación del oro. Aparece el patrono y se entabla la lucha. Resultado: "cuatro cadáveres. Los ojos zarcos del gringo Land chispean codicia por última vez. Aquí está, medio cuerpo fuera del camino, con piernas y brazos abiertos, cosido a machetazos, hendido el cráneo". *(Nayar,* p. 103.)

El jefe indio, Pedro Gervasio, se hace amigo de los fugitivos, que estuvieron de su lado en la contienda, y siguen juntos por la sierra del Nayar con Sinaloa, con Durango, con Zacatecas, con Jalisco.

El autor nos relata la vida de los coras. Su gobierno patriarcal, ceremonias religiosas, supersticiones, hechicerías; tradiciones. Los indios conversan sobre el abuso de la autoridad: El pueblo de Santa Teresa, antes pueblo grande, hoy está vacío; a causa de la llegada de un comerciante mestizo los indios abandonaron el pueblo; el comerciante se hace prestamista; si los indios no pagan, el mayor Cometa, socio del comerciante, al frente de la tropa del gobierno les obliga a pagar. La única solución para librarse de estos abusos es poseer rifle y balas.

Hasta los caseríos indígenas llega la lucha del gobierno con los cristeros. Los indios son cogidos entre dos fuegos; a los gritos de: "¡Viva el gobierno!" y "¡Viva Cristo Rey!" Gervasio comprende mejor que nadie el conflicto:

Es lo mismo —dice—. Los dos son mestizos. Es el mismo enemigo. Se divide para pelear entre sí y nos usa de carnaza... Por eso nos guardamos de los dos; nosotros perderemos, cualquiera que gane. *(Nayar,* p. 189.)

Y así sucede. Entran en los pueblos los cristeros; matan a los hombres y violan a las mujeres; cortan las orejas al maestro y se roban los comestibles. Entran las tropas del gobierno, destruyen iglesias, matan a los hombres que quedan y violan a las mujeres. El indio no sabe ni por quién luchar.

Cuando aparecen las tropas del gobierno y los cristeros, Gervasio y sus hombres se van a las cuevas de la sierra, y allí viven entre arañas, alacranes, murciélagos, hormigas rojas, esperando que se vayan los "redentores" de uno y de otro lado. Hasta Gervasio llegan comisiones de indios coras de otros pueblos para contarle relatos de espeluznante brutalidad de cristeros y soldados.

Por fin se van los "redentores", bajan los indios y encuentran sus chozas destruídas. Un mensajero de Gervasio recorre ranchos y parajes; los encuentra todos desolados por las inundaciones, el granizo, la nieve y las balas. Los indios proponen a Gervasio el éxodo a la costa. "No había más remedio que buscar trabajo en los cañaverales, en las siembras de tabaco, en el pastoreo de allá, donde los mestizos mandan". *(Nayar,* p. 245.)

Cuando Gervasio se prepara a abandonar su querida sierra el destino destruye los planes de la tribu. Varios indios llegan a pedirle la muerte del hechicero Uchuntu, a quien culpan de todas sus miserias. A pesar de que Ramón se opone, Gervasio termina por ceder a los ruegos de la tribu y Uchuntu es condenado a morir quemado. Ramón, que desea salvar la vida de un hombre, corre a pedir ayuda a la tropa federal. Pero los soldados llegan sólo cuando ya arde el cuerpo del hechicero. Ramón, que se había adelantado para cortar la cuerda con que amarraron el cuello de Uchuntu, cae bajo las balas de los soldados.

Gervasio está en la cárcel de Tepic acusado de homicidio. El jefe permanece silencioso ante las preguntas del escribano. Podría salvarse diciendo que sólo aceptó la orden de la tribu, pero no lo hace.

Pero no lo dice. Orgullosamente vuelve sus espaldas al mestizo que interroga, que interroga, que se contesta solo y que sonríe. *(Nayar,* p. 266.)

Esta novela nos ofrece una prueba indiscutible del fracaso de la idea revolucionaria. El autor nos habla de la tribu de indios cora, pero ¿no será lo mismo con cualquier otro grupo de indígenas? Se trata del viejo problema de la lucha entre la civilización y la barbarie, excepto que aquí se han trastrocado los valores: a la barbarie pertenecen los jueces, los militares, los curas, los terratenientes, los prestamistas; a la civilización, los indios ingenuos y de puras costumbres. El mundo infantil de los coras es pisoteado y destruído por hordas de facinerosos que, sedientos de sangre, profanan el nombre de Cristo, y por grupos de soldados que en vez de representar el orden son instrumentos de anarquía y corrupción.

Tribus rebeldes que se mantuvieron independientes por cuatro siglos frente al conquistador español y al misionero vienen a caer ahora bajo un gobierno cuyo deber sagrado era salvarlas de la destrucción. Miguel Angel Menéndez hace una de las denuncias más serias de nuestra época y si los políticos de México no prestan oído a esta clase de acusaciones quiere decir que no son dignos de llamarse representantes del pueblo ni intérpretes de una ideología revolucionaria.

El grado de intensidad con que Menéndez trata el problema indígena revela en él una capacidad de comprensión humana y de ternura poco común entre los escritores de esta generación.

La novela de José Revueltas se titula *El luto humano* (1943) y bien pudiera llamarse la novela de la muerte. Es el relato de un grupo de trabajadores que huyen de una tempestad, uno de ellos llevando el cadáver de su hijita. En el curso de esta trágica huída van muriendo uno por uno hasta que los zopilotes dan cuenta de los últimos. Pero la muerte, o la proximidad de la muerte, es el pretexto para que el autor nos relate los episodios más intensos de sus vidas. En un constante zig-zag psicológico se pasa de la experiencia real a la zona del recuerdo y de ésta se vuelve a aquélla. Es como si ante la cercanía de la muerte el hombre se parara de repente y empezara a vivir hacia atrás:

> Sus vidas tenían ahora una sola dimensión terminal. De ahí en adelante los minutos iban a ser tan sólo una preparación. Su viejo pasado, rico o pobre, recomenzaría en el recuerdo: la niñez, la juventud, el amor, el sufrimiento, los anhelos, todo lo que había sido la vida, prepararíase desde hoy para la muerte. (*El luto humano*, p. 66.)

De esta actitud de recuerdo salen entonces las escenas desconcertantes de la vida de los caracteres principales de la obra: Natividad, Cecilia, Adán, Úrsulo, Calixto, el cura; escenas que son pesadillas macabras en la mente del autor de esta torturada novela. Aparecen aquí todos los tipos que ha creado la revolución mexicana: el general, el gobernador, el juez, el maestro de escuela, el cura, el líder obrero, el rebelde-asesino, el cristero, el huelguista y el esquirol. Aparecen también los problemas más hondos que han agitado a México después de la revolución: la violencia de la vida en los campos; el veneno y la rapacidad en el símbolo trágico de la serpiente y el águila; el desposeimiento de los pueblos indígenas; la reforma agraria con modernos sistemas de riego y de cultivo; la organización sindical; el derecho de huelga; la aparición de hombres nuevos en el movimiento obrerista; el cisma religioso con la creación de la iglesia mexicana; la reforma de la educación rural; la formación de maestros con conciencia revolucionaria; el choque de éstos con los fanáticos cristeros; la muerte fácil y el odio sostenido y profundo.

Para Revueltas, en este libro desolado y amargo, todo termina en el fracaso, en la muerte. La revolución, en manos de soldados ignorantes y ladrones; la huelga, en la huída de los trabajadores; el experimento de reforma agraria, en el espíritu de explotación del gobierno y los bancos; el sindicalismo, en el asesinato de sus líderes; la educación rural, con la brutalidad de los campesinos que cortan las orejas o la lengua al maestro liberal; la fe religiosa pura, con el endiosamiento de cristeros criminales que han dado la vida por la superstición y el odio fanático.

Sólo muy rara vez aparece una idea alentadora y positiva

en la mente de este escritor. Sólo de paso brilla esta admiración fugaz por un hombre e inmediatamente es oscurecida por su pesimismo inmanente:

> Zapata era un general del pueblo, completamente del pueblo. Ignoraba dónde se encuentra Verdun. Durante la guerra del 14, creyó, según se cuenta, que los carrancistas, sus enemigos, estaban atacando Verdun. Era Zapata del pueblo, del pueblo puro y eterno, en medio de una Revolución salvaje y justa. Las gentes que no ignoraban lo que era Verdun, ignoraban, en cambio, todo lo demás. Lo ignoraban en absoluto. Y ahí las dejó la vida, de espaldas, vueltas contra todo aquello querido, tenebroso, alto, noble y siniestro que era la Revolución. *(El luto humano, p. 229.)*

El luto humano posee todo lo más esencial del alma de su pueblo. El autor habla aún de "muerte mexicana", esa que dispensa el criminal a sueldo, esa que produce "la emoción dura, la casi voluptuosa masculinidad, la reconfortante, opaca, animal sensación" *(El luto humano,* p. 22); o de amor mexicano, definido así:

> Me perteneces por entero. Física, moral, espiritualmente. Íntegra y cuando seas cenizas. Tus huesos son míos, tu cabeza, tus dientes, tus pies, tus pensamientos. Me perteneces. Me pertenecerás siempre. *(El luto humano,* p. 68.)

Y esencialmente mexicanas son las figuras humanas de esta novela: el hombre nuevo, el obrero luchador y puro, junto con la mujer generosa y buena:

> Natividad anhelaba transformar la tierra y su doctrina suponía un hombre nuevo y libre sobre una tierra nueva y libre. Por eso Cecilia, que era la tierra de México, lo amó, aunque de manera inconsciente e ignorando las fuerzas secretas, profundas, que determinaban tal amor. *(El luto humano,* p. 298.)

Otros, los que todavía no encuentran su camino, su orientación, el ochenta por ciento acaso de México, quedan aquí definitivamente fijos:

Calixto y Úrsulo eran otra cosa. La transición amarga, ciega, sorda, compleja, contradictoria, hacia algo que aguarda en el porvenir. Eran el anhelo informulado, la esperanza confusa que se levanta para interrogar cuál es su camino. (*El luto humano*, p. 299.)

Aquí está toda la doctrina política y social de Revueltas. La tierra por sí sola, así como está en México, no sirve. La tierra es una diosa sombría. La tierra demanda el esfuerzo, la dignidad y la esperanza del hombre. Transformada por medio de abonos, riegos, cooperativas, se convertiría en tierra nueva y libre, y la mujer de México, Cecilia, amaba a Natividad, porque inconscientemente establecía esa unidad sin la cual se acabaría el mundo: amor y trabajo, o sea, hombre, mujer y tierra.

Los otros, Calixto y Úrsulo, iban como sonámbulos por la vida. Ilusionados también, iban hacia un futuro más incierto, combatidos por intereses más nebulosos, menos puros, más complejos. Su existencia no era clara y directa sino indecisa; esperanzada pero sin brújula.

Así todo México. Unos mueren por un ideal: otros matan por gusto, por sensualidad, o por necesidad; éstos afirman, saben, tienen fe, aman; aquéllos niegan, ignoran, dudan, odian. Y todos van girando en la rueda del tiempo sobre la misma tierra desolada, hasta que por fin se quedan quietos debajo de esa tierra para que otros sigan girando indefinidamente.

Los hombres de esta novela han muerto todos. El festín de los zopilotes raya de negra tragedia la última página de la obra, pero sería injusto creer que se ha acabado toda esperanza en el corazón del escritor. Cuando a Úrsulo le preguntaron los campesinos derrotados y en huída: ¿a qué nos quedamos, a comer tierra?, él contestó echándose un puñado de tierra a la boca: ¿por qué no? Así fijaba una línea de conducta y un derrotero. La tierra queda, el ejemplo noble, la idea, la revolución, todo esto queda. El ejemplo del hombre nuevo no muere, como tampoco muere el amor de una mujer que comprenda al hombre que abriga esos ideales.

La novela contemporánea de México, como producto de la vida, va girando también en esa unidad indestructible de acción, sueño, ilusión, esperanza, en la rueda del tiempo. Que niegue o que afirme el movimiento revolucionario, es todo uno; que se fije en las lacras y en la podredumbre o en el canto y la rosa, es todo uno. La novela es parte integrante de esa unidad que es el alma total de un pueblo en movimiento, un pueblo que va pasando por desiertos de cacto, por arenales, por cementerios, y por sierras florecidas de blanquísima nieve. No todo es "luto humano" en México!

XI

EL HUMORISMO EN LA LITERATURA HISPANOAMERICANA

La obra maestra de humorismo en la literatura universal es *Don Quijote*. El humor de este libro extraordinario está en el contraste entre lo aparente y lo real, o sea en la percepción de las anomalías en los hechos. Cervantes era un realista profundo, un escritor que poseía el conocimiento básico de los hombres y de los fenómenos sociales; lo normal normaba su criterio en los juicios; su análisis de la realidad se basaba en una actitud crítica. Cervantes sabía que los molinos de viento eran sólo molinos, en tanto que don Quijote creía que eran gigantes. De aquí entonces la discordancia entre razón e imaginación.

Cuando don Quijote encuentra un día a un grupo de prisioneros condenados a trabajos forzados, manda a los guardias que los dejen libres porque les llevaban "en contra de su voluntad". Cervantes, que había sido prisionero en España y cautivo en África sabía lo que significa perder la libertad, la realidad amarga de obrar en contra de la propia voluntad. Este conocimiento de las experiencias reales, esta percepción de "lo normal" le dan la fórmula de su criterio. La razón y el sentido del humor se dan la mano.

Pero el humor, que a menudo va aliado a lo cómico, es también una fuerza negativa que priva al individuo de su aspiración a ser digno, inteligente, valiente, rico. Si el humor es sólo esto, como sucede en las formas más bajas de la sátira, es entonces cruel e indigno del arte. Así un personaje puede ser deformado en una comedia para hacerlo aparecer en forma ridícula; un poema puede satirizar a un individuo con frío cinismo y una caricatura ser obra del odio. Falta algo en esta clase de expresión. El humor puede ser considerado como categoría superior únicamente cuando está íntimamente unido al sentimiento, a la simpatía humana, al "pathos". Cuando el artista ve lo ridículo y simultáneamente demuestra un sentimiento de comprensión y piedad por la especie humana, estamos en presencia del humorismo superior. En resumen, sin simpatía humana el humorismo degenera en burla e invectiva.

Shakespeare y Cervantes son maestros del humorismo noble. Cuando Shakespeare escribe:

> *But man, proud man,*
> *Dress'd in a little brief authority,*
> *Most ignorant of what he's most assured,*
> *His glassy essence, like an angry ape,*
> *Plays such fantastic tricks before high heaven*
> *As make the angels weep; who, with our spleens,*
> *Would all themselves laugh mortal,*

percibimos el sentido de lo ridículo en el hombre, su soberbia, sus vanas pretensiones, pero al mismo tiempo sentimos la ternura del poeta que ve la frágil esencia de los hombres, la tolerancia del artista que llora con los ángeles al contemplar nuestras trampas fantásticas ante los ojos de Dios.

Lo mismo ocurre con Cervantes. Cuando don Quijote llega a la venta, están a la puerta dos muchachas de esas que llaman del partido. Don Quijote cree que la venta es un castillo y las alegres mozas un par de graciosas doncellas. Cuando las mozas ven al caballero armado, con lanza y adarga, se van a entrar en la venta: "Non fuyan las vuestras mercedes, dice don Quijote, nin teman desaguisado alguno, ca a la orden de caballería que profeso, non toca, ni atañe facerle a ninguno, cuanto más a tan altas doncellas como vuestras presencias demuestran." [1] Las mozas, "como se oyeron llamar doncellas, cosa tan fuera de su profesión, no pudieron tener la risa, y fué de manera que don Quijote vino a correrse y a decirles: 'Bien parece la mesura en las fermosas, y es mucha sandez además la risa que de leve causa procede, pero non vos lo digo porque os acuitedes, ni mostredes mal talante que el mío non es de al que de serviros' ".[2] Las mozas le preguntaron entonces si quería comer alguna cosa.

Éste es uno de los episodios más hermosos y conmovedo-

---

[1] *Don Quijote*, Parte I, Capítulo II.
[2] *Ibid*.

res de *Don Quijote*. El humorismo del autor se expresa en el contraste entre las apariencias y la realidad, pero por la magia de la simpatía y de la ternura lo aparente se hace real. En este caso las dos rameras, al oírse llamar doncellas, empiezan por reír, luego se ponen serias y por fin se adoncellan y preguntan al caballero si tiene hambre, si quiere comer algo, como lo preguntaría una novia o una madre. Es muy probable que Víctor Hugo haya leído esta página al escribir: "La burla del ideal sería un gran defecto en Cervantes, mas observad que en su sonrisa siempre hay una lágrima."

Sin embargo, es posible concebir la existencia de una obra maestra de la cual estén ausentes la simpatía humana y la ternura; tal es, según mi opinión, el *Candide* de Voltaire. Este cuento es una sátira perfecta en que el autor se burla de la humanidad en forma despiadada. Pero *Candide*, a pesar de su vitalidad e imaginación, no posee el sentimiento cálido de las obras de Shakespeare o de Cervantes.

Antes de empezar este ensayo sobre el humorismo en la literatura hispanoamericana deseo hacer algunas observaciones acerca de su expresión. Uno de los medios más eficaces para la expresión del humor es el lenguaje. Juegos de palabras, frases defectuosas, ajuste del estilo para producir efectos elevados con pensamientos superficiales; uso de palabras extranjeras para crear una atmósfera de comicidad; conceptos metafóricos, son algunos de los medios usados para causar una expresión humorística. Es evidente entonces que un lector que posea un conocimiento limitado de una lengua no será capaz de sacar el mejor partido de un escritor que use todos estos recursos. Este mecanismo lingüístico hace sumamente difícil la traducción de las obras humorísticas. No creo que nadie pueda traducir con propiedad al español, por ejemplo, el gracioso estilo familiar de *La célebre rana saltona del Condado de Calaveras* de Mark Twain. ¿Podría el traductor más experto hacer justicia a un estilo tan gracioso, caprichoso e imaginativo? Veamos el párrafo siguiente:

> *He ketched a frog one day, and took him home, and said he cal'klated to edercate him; and so he never done nothing for three months but set in his backyard and learn*

that frog to jump. And you bet that he did learn him, too. He'd give him a little punch behind, and the next minute you'd see that frog whirling in the air like a doughnut—see him turn one cummerset, or maybe a couple, if he got a good start, and come down flat-footed and all right, like a cat.

La atmósfera creada con este estilo es única. Si traducimos el párrafo palabra por palabra destruiremos esa atmósfera. Si agregamos nuevos modismos, deformaciones lingüísticas o vulgarismos creamos algo distinto que no está en el original.

Ahora, demos una mirada a *Don Quijote* en traducción inglesa. Mi opinión es que los lectores norteamericanos no saben saborear las páginas de esta obra y a menudo tienen la impresión de que es un libro pesado. Yo creo que la culpa es del traductor y no del lector. Hasta 1949 la mayor parte de las traducciones son deficientes. La traducción de Thomas Shelton (1612), aunque es hoy considerada como clásica, es una versión literal que falla en la interpretación de los matices más elementales de la expresión; la de John Phillips (1687) es una burla del libro de Cervantes; en 1700 el Sr. Motteux, importador de té londinense, y otros señores de buena voluntad y poco talento, hicieron una nueva traducción de *Don Quijote*, no del original español, sino de traducciones inglesas y francesas. Esta versión ha sido editada muchas veces en los Estados Unidos y en Inglaterra. Es de interés citar aquí la opinión que tiene Bertram Wolfe de esta obra:

> La traducción detestable, aunque consagrada por el tiempo, de Motteux, quien fué calumniador [traducer] antes que traductor [translator], quien era demasiado perezoso y fácil para detenerse en ritmos y sutiles significados cuando no los cogía al correr de la pluma, y quien tomando a Cervantes por otro Rabelais, no vaciló en transformar la substancia y el tono de todo el libro en una caricatura vulgar de sí mismo, ajustando su inglés de opereta a una diferente concepción de los caracteres. Y como Motteux de esta manera substituye dos tontos ridículos de baja comedia por los dos simpáticos personajes de Cervantes, llenos de humor y de humanidad, no es sorprendente que tantos lectores dejen el libro antes de llegar a la rigurosísima Parte

Segunda o vayan más allá del capítulo de los molinos de viento o del manteamiento de la Primera Parte.

Otra traducción de *Don Quijote* es la de Charles Jarvis (1742), y ésta, a pesar de su mediocridad, ha sido reimpresa más de cien veces. Otras versiones publicadas en Inglaterra hasta 1867 son sólo revisiones de traducciones anteriores.

Estas traducciones no podían despertar gran entusiasmo en el público de habla inglesa por la obra principal de la literatura española. Pero a fines del siglo xix un grupo de traductores competentes empezó a trabajar con seriedad en la tarea de revelar los encantos de la obra maestra de Cervantes. Así tenemos las siguientes versiones: la de Duffield (1881); la de Watts (1888); la de Ormsby (1885). Las dos primeras están escritas en estilo arcaizante, y por consiguiente suenan más a Shakespeare que a Cervantes; la de Ormsby evita las afectaciones y es, desde muchos puntos de vista, la mejor de todas. En los Estados Unidos tenemos dos traducciones de verdadero mérito, una por un excelente erudito, Robinson Smith (1908) y otra por Samuel Putnam (1949), que será por mucho tiempo la versión más calificada. Putnam nos ofrece algunos datos muy importantes acerca del arte de traducir. Por una parte Putnam ha tratado de evitar el estilo y el vocabulario anticuados y por otra los giros y vocablos modernos que desentonarían en la obra y tendrían cierto aire de petulancia: "Cervantes —dice— siendo uno de los escritores españoles más modernos, no necesita ser modernizado; su español es esencialmente el español de hoy, y de este modo lo que hay que hacer sería simplemente dejarlo solo, dejarlo hablar por sí mismo, mientras el traductor trata de conseguir una perfecta naturalidad y de evitar toda forma de afectación." [3]

Pero pronto Mr. Putnam empieza a darse cuenta de la dificultad de su empresa, y, yo diría, de la imposibilidad de su tarea. ¡Dejarlo solo! ¡Dejarlo que hable por sí mismo! ¿No es esto dejarlo hablar en español, dejar de traducirlo? El problema se me presenta a mí por lo menos desde la primera palabra de la traducción, desde el título: *El ingenioso Hidalgo don Quijote de la Mancha*. La traducción reza: *The*

---

[3] Samuel Putnam, *Don Quijote*, The Viking Press, 1949.

Ingenious Gentleman, etc. Pero Mr. Putnam agrega: "*ingenious*, no hay para qué decirlo, no es la traducción exacta de *ingenioso*. Smith da en su primera edición *imaginative* por *ingenious* y en su segunda edición *visionary*." [4] Putnam prefiere la forma *ingenious* y en verdad que sus motivos son bastante ingeniosos. Dice: "Las palabras *visionary* o *imaginative* quedan sin duda más cerca del original si no se toman en consideración las asociaciones semánticas; pero a mí me parece que en nuestra época la palabra *ingenious*, en el sentido que le dió el literal Shelton, se ha encajado de tal modo en nuestra conciencia al pensar en don Quijote, que sería error cambiarla en el título." [5] A lo cual nosotros podríamos replicar que la palabra *ingenious* puede estar inculcada en la mente de Mr. Putnam pero no en la de los miles de lectores que leerán por primera vez el libro.

Pasemos a la palabra *hidalgo*, persona de clase noble. Ahora bien, caballero era originalmente el que tenía derecho a llevar escudo de armas, pero hoy su significado es bien distinto, por lo tanto el Sr. Putnam usa la palabra en su significado arcaico. La palabra *gentleman* está encajada en nuestra mente en su significación moderna y por eso yo opino que habría sido mejor usar en inglés el término *knight*. El Sr. Putnam ha retenido también el nombre *Don Quijote* en la forma española evitando la pronunciación inglesa *Don Quíxote*, porque al dar forma inglesa al nombre del héroe principal también habría que traducir el nombre de Sancho y llamarlo Sancho Belly.

Si el título ofrece tanto trabajo, uno puede imaginarse las dificultades que hallará el traductor a través del texto. El Sr. Putnam es en realidad un excelente traductor, y sin embargo, su versión está muy lejos de tener, como dicen los editores, la gloria y el humor, el significado y el sentimiento del original.

La lengua de don Quijote es orgánica. El caballero tiene su vocabulario propio, sus propias metáforas, sus primores de estilo. Ningún otro español habla de esa manera. Don Quijote no puede hablar inglés. El caso de Sancho es aun más absoluto; su idioma está tan lleno de enredos, proverbios, pa-

---

[4] Putnam, Introducción.
[5] *Ibid.*

labras graciosas, alusiones picarescas, frases familiares, locuciones erradas, *quid pro quos*, que traducirlo es traicionarlo en lo más íntimo de su personalidad. La lectura de los diálogos de Sancho en inglés me causa la extraña sensación que sentí al ver una representación de *Hamlet* en portugués.

Me he valido de estas digresiones para demostrar cuán difícil es hablar acerca del humorismo de una literatura, especialmente en una lengua extranjera. Ahora entro en mi tema que es el humorismo en la literatura hispanoamericana.

El humor, por lo menos en su aspecto literario, es el producto de una sociedad refinada. El siglo XVI en la América latina es un período de invasión y conquista, una continua cruzada, un movimiento de fronteras, tanto en el sentido físico como en el espiritual. Los soldados eran heroicos y brutales: los monjes y los misioneros ardían en celo religioso, los historiadores estaban sumergidos en un océano de monstruos maravillosos o en el centro de increíbles arcadias; los poetas sentían en la colisión de dos razas el sentimiento trágico de la vida y la magnificencia de acciones inmortales. Eran modernos Homeros frente a cien Troyas, hacían epopeyas a nuevos Aquiles, Héctores, Ulises, Agamenones, Menelaos, cuyos nombres, aunque menos poéticos, no son menos heroicos: Cortés, Alvarado, Pizarro, Valdivia, Almagro. El siglo XVI no era propicio al lirismo tierno ni al desahogo humorístico.

En cambio, la sociedad colonial del siglo XVII ofrece fértil campo a la ironía y a la sátira. El desarrollo de la poesía heroica y del verso satírico es favorecido por la gran riqueza material, el fausto social, la pereza, las costumbres sedentarias, los amoríos clandestinos. La ciudad de Lima era el centro del refinamiento en el Nuevo Mundo y la cuna del ingenio y del humor. Aquí hallamos, entre muchos nombres menores, el de Juan del Valle y Caviedes, la lengua más aguda de su tiempo. Caviedes era hijo de un acaudalado español; a la muerte de su padre se dedicó a la bebida y a los amores fáciles, de cuyo resultado perdió su fortuna y contrajo sífilis. Para rehacer su fortuna se hizo buhonero; alquiló un quiosco en la vieja plaza de Lima, compró una mesa y estableció un negocio de baratijas. Ahora tenía que curarse de su enfermedad y buscó la ayuda de la medicina; fracasó en ambos intentos: nunca pudo ganar dinero y los doctores no fueron capaces de devolverle la salud. Caviedes entonces se vuelve en contra de las mujeres y los médicos y escribe contra ellos sus tremendas sátiras que aparecieron después en su famosa obra *Diente del Parnaso*. Caviedes se desató en improperios en contra de las damas de su tiempo, de la Venus criolla, a quien define así:

> Venus adivina
> hija del mar inconstante,
> para el pobre es astro errante,
> para el rico fija estrella.
> El oro es sol para ella,
> y pues el oro la aplaca,
> sale la estrella bellaca
> de Venus, y se dispone
> al tiempo que el sol se pone,
> que es cuando el oro se saca.

Y fué brutal e implacable con los doctores de Lima, sus victimarios. En el "Coloquio que tuvo con la muerte un médico moribundo", por ejemplo, no se sabe qué admirar más, la gracia o la impertinencia. Así habla el moribundo Galeno a su Parca:

> No seas desconocida
> ni conmigo uses rigores,
> pues la Muerte sin doctores
> no es muerte, que es media vida.
> Pobre, ociosa y desvalida
> quedarás en esta suerte,
> sin que tu aljaba concierte,
> siendo en tan grande mancilla
> una pobre muertecilla
> o Muerte de mala muerte.

Su encono más vivo lo siente en contra del doctor Corcobado:

> Seré el doctor Corcobado
> que, con emplastos y apodos,
> birla mucho más que todos
> porque éste mata doblado.
> Y aunque siempre anda jibado
> de las espaldas y pecho

> este médico mal hecho
> en el criminoso trato
> si cura cual garabato
> a matar sale derecho.

Pero no economiza vituperios ni sarcasmos al recordar a doña Elvira, de quien dice:

> Seré la gran doña Elvira,
> médica por sucios modos,
> de la carnaza de todos,
> porque a todos cursos mira.
> Con las traiciones conspira
> de su jeringa punzante,
> que es, por las ancas, matante:
> de suerte que birla más
> ella sola por detrás,
> que nosotros por delante.

Todo este amontonamiento de retruécanos, insultos, burlas, forma un monumento satírico comparable a la fuerte pirámide de la sátira de Quevedo. El humorismo de Caviedes es el resultado de su sufrimiento y de su odio; por consiguiente, es amargo y negro; "no duerme la siesta" este humorismo ni usa pantuflas como el de Anatole France.

¿Podría considerarse el humorismo como un atributo de la juventud? Según Alfonso Reyes "el humorismo tiene de malicia madura lo que le falta de entusiasmo heroico. Odiseo —cuadragenario— es sufrido y sutil, tiene famosas humoradas. El joven Telémaco es tan sólo recto y valiente. El humorismo participa de la cachaza y del gusto por el conforte, propios de los años obesos".[6] Si se piensa en Chesterton, Oscar Wilde, Anatole France se podría concordar con Reyes. Este tipo de humorismo no es, sin embargo, el de Caviedes y acaso tampoco lo sea del famoso escritor mexicano Fernández de Lizardi, autor de la novela picaresca *El Periquillo Sarniento* (1816).

Lizardi fué uno de los primeros luchadores por la independencia de México. Lizardi entró directamente en la lucha política pero, habiendo sido encarcelado por sus ideas, hizo

---

[6] *Calendario y tren de ondas*, México, 1945, p. 90.

de su obra literaria un instrumento de crítica social y escribió su *Periquillo Sarniento*, en que sigue, a rasgos generales, los modelos clásicos de la picaresca española, poniéndose a tono con la sensibilidad social de su época.

En el *Periquillo* la discordancia entre las apariencias y la realidad es siempre manifiesta. Lo real en la novela es el propósito oculto de Lizardi, su actitud moral y crítica; lo aparente es la concepción falsa de los valores que tiene *Periquillo*. Es muy probable que el defecto mayor de esta obra sea su exceso de realismo: las aventuras del héroe no son tocadas por la intuición del autor; no es discernible en la experiencia individual una perspectiva universal. Podemos observar entonces que lo esencial de la novela consiste en anotar una sucesión de características tomadas directamente de los hechos con el propósito de establecer un estado de ridiculez. El éxito de esta sátira se debe a la exuberancia de situaciones cómicas y no a una calidad poética. El elemento cómico aparece objetivamente, en una forma por demás elemental, mediante la broma, el chiste, la situación ridícula, el sentido de lo absurdo. En ningún episodio se observa el despliegue de imaginación poética, la humanidad profunda que vemos en el *Lazarillo de Tormes*. No hallamos en este libro experiencias como aquella del *Lazarillo*, tan magistralmente parodiada por Azorín, en que el noble escudero, después de varios días de ayuno, elogia poéticamente los mendrugos que ha recogido su sirviente, para terminar comiéndoselos.

En el *Periquillo Sarniento* estamos en presencia de hechos concretos, realidad descarnada, bufonadas, crítica directa, superabundancia de detalles, crueldad, pero notamos la ausencia de ese sentimiento de simpatía, de piedad, de ternura, tan a menudo presente en *Don Quijote*.

A la inversa del humorismo de Lizardi, el de Ricardo Palma es gracioso, ligero, anecdótico y sano; es la expresión de un hombre de buen humor, ingenioso y agudo, que responde con fina sensibilidad a los aspectos cómicos del individuo y de la sociedad. Palma es el creador de un nuevo género literario llamado "tradiciones". La "tradición" es el comentario sabroso de un acontecimiento histórico, una leyenda, o una simple fantasía, pero Palma posee tal espíritu de observación que en dos o tres páginas revela un personaje, crea una atmósfera o desata un nudo histórico. Las *Tradiciones peruanas* constituyen un cuadro completo de la historia social, religiosa y popular del Perú. A manera de casi innecesaria ilustración doy aquí el resumen de una de sus "tradiciones", en la cual un fraile hace uno de los muchos milagros que le han dado reputación de santo:

> Cierto buhonero limeño acude a Fray Gómez en demanda de habilitación por quinientos duros para dar empuje a su negocio. Fray Gómez le pregunta que cómo se le puede ocurrir que en su pobre celda haya quinientos duros. El buhonero responde: "Tengo fe en que no me dejará ir desconsolado." Fray Gómez contesta: "La fe lo salvará, hermano. Espere un momento."
> Paseando sus ojos por las paredes de la celda ve el fraile un alacrán caminando sobre el marco de la ventana. Coge la sabandija, la envuelve en una página de un libro viejo y dice: "Tome, buen hombre y empeñe esta alhajita, pero no olvide de devolvérmela dentro de seis meses." El buhonero toma la poya y corre a la tienda de un usurero. Éste ve la alhaja con codicia y ofrece adelantar dos mil duros por ella. El buhonero no acepta sino quinientos duros por seis meses. Los negocios del buen hombre marchan tan bien que al fin del plazo recobra la joya, la envuelve otra vez en el mismo papel y se la devuelve a Fray Gómez. Éste toma el alacrán, lo pone en la ventana, le echa una bendición y dice: "Animalito de Dios, sigue tu camino." Y el alacrán echa a andar libremente por las paredes de la celda.

A pesar de la ironía inofensiva de este cuento —y de muchos otros tales como *Los Mosquitos de Santa Rosa; La Camisa de Margarita; Beba padre, que le da la Vida; Los Polvos de la Condesa; Dende el Diablo perdió el Poncho*; etc.— la iglesia católica no le miró con buenos ojos y Ricardo Palma fué tildado de escritor irreverente.

Por supuesto que hay muchos otros escritores humorísticos en el siglo XIX, aun en el período romántico, en que poetas y novelistas exageran la pasión y el sufrimiento a tal punto que se tornan cómicos y extravagantes. El escritor romántico carece de sentido común en tal grado que muchas de sus ideas, actitudes y frases son ridículas. Espronceda, por ejemplo, desilusionado en amor, decide morir y termina su poema con esta línea:

> que haya un cadáver más ¿qué importa al mundo?

Espronceda también habla al sol en estos términos:

> Detente, oh sol. Yo te saludo!

El poeta mexicano Manuel Acuña, cercano ya al suicidio, nos da un hermoso cuadro de felicidad conyugal en que aparece la mujer amada, el poeta, y entre ambos, como una diosa, la suegra. Cuadro natural en la sociedad hispanoamericana del siglo pasado pero que hoy, en cualquier sociedad occidental, es, por lo menos, desconcertante. El poeta cubano José María Heredia, al contemplar las cataratas del Niágara, desea tener, desmayada en sus brazos, una mujer pálida y bella. En nuestros dramas y novelas innumerables mujeres murieron de amor y a veces sus amantes se suicidaron sobre sus tumbas.

Desde el Modernismo la poesía está sometida a una disciplina emocional más sólida, al mismo tiempo que a una gran depuración de forma. Lo mismo puede afirmarse de los novelistas. Si en ella se encuentra el humorismo es siempre de buena ley, producto intencionado de su manera de crear. Para ilustrar este punto séame permitido discutir a tres escritores humorísticos: un chileno, un mexicano y un argentino y ver cómo reaccionan en presencia de lo ridículo y jocoso.

Genaro Prieto, novelista chileno, es autor de *Un Muerto de mal criterio* y del *Socio*. *El Socio* es la historia de Julián, individuo que necesita ayuda financiera. Julián va a casa de sus amigos en busca de un préstamo o de un empleo, pero siempre recibe la misma respuesta: "Me gustaría poder servirle, amigo, pero tengo que consultar el asunto con mi socio." Más tarde, cuando uno de sus antiguos compañeros de escuela viene a ver a Julián con el propósito de interesarle en un plan financiero de fantásticas proyecciones, éste responde: "En efecto, me interesa el negocio, pero tendría que consultar a mi socio." Y como el caso es urgente, Julián tiene que inventar un socio inmediatamente. Así lo hace, y crea a Mr. Walter Davis, un personaje de reputación intachable.

Julián se convierte por este proceso en el socio menor de Mr. Davis y comienza a especular en la Bolsa de una manera desenfrenada. Su esposa está feliz porque Julián gana mucho dinero, pero sufre con la ausencia continua de su marido, ocupado constantemente con Mr. Walter Davis. Al principio de la novela, Anita, esposa del antiguo compañero de escuela, ha revelado estar enamorada de Julián.

Los triunfos bursátiles de Julián hacen famoso a Mr. Davis, su socio y consejero. Los especuladores se amontonan en la oficina de Julián en busca de datos. Las preguntas son siempre las mismas: ¿Qué opina Mr. Davis de tales acciones? ¿Podría aconsejarnos Mr. Davis acerca de tal inversión?, etc.

La reputación de Mr. Davis crece más y más. En cierta ocasión Julián desea vender sus acciones y sus propios corredores le dicen que Mr. Davis tiene que endosar los documentos. Aumentan así las complicaciones, pues se supone que Mr. Davis vive en Valparaíso. Julián tiene que hacer un viaje al puerto, y una vez allí, se disfraza de inglés, va a una notaría y firma los documentos con el nombre "Walter Davis". Cuando Julián da una opinión acerca de las fluctuaciones de la Bolsa sus amigos se sonríen con cierto desdén y exclaman: "Ésa es la opinión de Mr. Davis"; cuando Julián permanece alejado de su hogar, casi siempre en compañía de Anita, que es ahora su amante, su esposa recibe algún hermoso regalo de Mr. Davis, excusándose por haber retenido a Julián toda la noche en conferencia. La confiada esposa agradece los regalos e insta a Julián para que invite a comer a Mr. Davis. Por otra parte, la misma Anita siente cada día mayor curiosidad por el misterioso inglés y ruega a Julián que se lo presente.

Importunado por su mujer, por su amante, por sus corredores y por sus amigos, Julián quiere poner punto final a la farsa y confiesa que Mr. Davis no ha existido sino en su imaginación. Desgraciadamente ya es demasiado tarde. Mr. Davis ha cobrado tal realidad que nadie le cree; al contrario, todos le acusan de ser malagradecido y desleal con su socio.

La situación de Julián es tan desesperante que decide terminar violentamente la fantástica sociedad. Con este fin escribe un artículo en el periódico principal de Santiago explicando al público que él en su cerebro ha ideado todas las transacciones y que como Mr. Davis rehusa reconocer este hecho él ha decidido separarse de su socio. Al día siguiente, escribe una contestación violentísima, firmada por Davis; el inglés ataca a Julián y lo acusa de falta de caballerosidad.

Ahora Julián está feliz, pues es capaz de demostrar a su mujer, a su querida, a sus amigos y a los agiotistas que él es el genio de la empresa y que Mr. Davis no era sino el socio capitalista. Y así, se va al Club con el periódico en el bolsillo. Sus amigos, que han leído los insultos de Mr. Davis, no comprenden su serenidad. El inglés ha dicho que no es un caballero, ¿cómo piensa castigar la ofensa? Todos opinan que el duelo es imperativo. Julián tendrá que batirse con un fantasma. Mas, ¿y los padrinos? Éstos tendrán que conocer a Mr. Davis, y Mr. Davis no existe. Un nuevo plan es indispensable. Julián se dirige a sí mismo una carta firmada por Mr. Davis en la cual el inglés le desafía a un duelo sin testigos en una selva. Julián cabalga hacia el interior de los Andes para encontrar al enemigo; en la oscuridad de la noche se le espanta el caballo y Julián es arrojado contra un árbol. Ahora tiene una alucinación en que ve a Mr. Davis apuntándole con su revólver. Los dos hombres disparan simultáneamente y Julián da en el blanco. Cuando recobra el sentido tiene la certeza de que ha muerto al inglés, y vuelve a la ciudad con la seguridad de su liberación final.

Entretanto, los periódicos, que han seguido el incidente, publican una detallada relación del duelo con las fotografías de los dos enemigos. Mr. Davis aparece como el tipo clásico del inglés buen mozo. Anita, ya profundamente enamorada del misterioso extranjero, llama asesino a su ex-amante; la mujer de Julián está sumamente inquieta por la suerte del inglés.

Pasan varios meses. Julián continúa sus operaciones de bolsa, cada día con menos éxito y en poco tiempo queda completamente arruinado. ¡Es lógico, dicen sus amigos, ahora que Mr. Davis no puede darle consejos!

De aquí en adelante la novela toma un curso tragicómico. Se muere el hijito de Julián después de haber visto la sombra de Mr. Davis; uno de sus amigos le dice que su mujer le está engañando con el inglés, pues cuando él está ausente Mr. Davis visita su casa. Julián riñe con su esposa y ésta le abandona. Tarde en la noche, Julián está solo en la casa; la sombra de Mr. Davis se le aparece de repente; Julián dispara su revólver contra la sombra pero el inglés no cae. ¿Cómo puedo morir —exclama— cuando soy sólo creación de tu cerebro?

Julián trata de hallar una solución para vengarse del hombre que ha destrozado su vida, y la encuentra. Se sienta y escribe una carta, firmada por Mr. Davis, en la cual éste le amenaza con la muerte: al terminarla se pega un tiro. El informe policial es: asesinato. La bala, según opinión de los expertos, no pudo haber sido disparada por la víctima; además, alguien disparó la otra bala, y por fin la prueba contundente es la carta de Mr. Davis.

Hasta hoy la policía ha sido incapaz de descubrir al famoso inglés.

La novela picaresca es probablemente la expresión más típica del genio literario español. Se desarrolla en los siglos XVI y XVII; produce obras maestras tales como el *Lazarillo de Tormes, Guzmán de Alfarache, el Buscón;* pasa a Francia, donde Lesage escribe su famoso *Gil Blas,* y luego, a México con la novela de Lizardi *El Periquillo Sarniento.* Desde entonces muchos escritores americanos han cultivado con poco éxito esta forma de novela. Uno de los últimos esfuerzos para hacer revivir este género es la novela *La Vida inútil de Pito Pérez,* por Rubén Romero.

Yo creo que toda novela picaresca que aspire a cumplir su cometido debe poseer tres elementos básicos: humorismo, observación fiel de los hechos y emoción. Al principio tuvo también un propósito moralizador, pero hoy esta característica no parece ser indispensable. Si la novela picaresca no tiene humorismo, no pasa de ser un tratado moral; si carece de observación exacta, no refleja la vida ni el ambiente de su tiempo; si no tiene sentimiento humano, se convierte en una cruel bufonada.

La tendencia moralizadora apenas despunta en algunas obras contemporáneas en nuestro continente, tales como *Tortilla Flat,* relación encantadora de los paisanos de Monterrey, escrita por Steinbeck, y *La Vida inútil de Pito Pérez,* que yo considero novelas picarescas típicas. Me encantaría incluir *Tortilla Flat* en este ensayo acerca del humor en la literatura hispanoamericana, pero me abstengo por razones obvias.

La Vida inútil de Pito Pérez pertenece en una forma perfectamente definida al género picaresco. Es la historia de un vagabundo mexicano, Pito Pérez, que sigue muy de cerca el ejemplo de los bribones de la picaresca española. Es monacillo, empleado de botica, consejero de un sacerdote, misionero y por fin vendedor ambulante. Pito Pérez relata su vida al autor, a razón de botella de tequila por capítulo, vida llena de episodios amorosos, aventuras del hampa y de la cárcel, experiencias en diversos hospitales.

Hacia el fin de la novela, un poco antes de aparecer su cadáver en un montón de basura, Pito habla al autor de su novia más fiel, una mujer raptada del hospital de Zamora. Es una mujer de sólida virtud y profunda ternura, un ser sumiso que vela por la vida de Pito día y noche; un dechado de perfección. El autor no cree que exista un ser humano tan perfecto y pregunta: "¿Quién es ella, Pito Pérez?" "¿Quién es ella? —responde Pito— El esqueleto de una mujer que usaban en sus estudios de anatomía los estudiantes de medicina de Zamora."

Hay una buena dosis de humorismo en este libro. El humor es aquí un acto de desvalorización, es decir, consiste en la destrucción de las aspiraciones del héroe, en su fracaso por ser algo, hombre honrado, amante feliz, poeta. Pero hay también en la obra bastante humorismo objetivo, observable en el simple hecho de la presencia del personaje. Pito Pérez divierte al lector como tipo —vagabundo, atorrante, pelado— del mismo modo que Cantinflas divierte al auditorio mexicano o Charlie Chaplin a sus espectadores norteamericanos. Además de la desvalorización del personaje hay aquí otro elemento importante, la simpatía humana del autor por su héroe sin la cual el humor no existiría.

Pito Pérez es un filósofo anarquista. No cree en el trabajo; cree en el Diablo y no en Dios, en el "pobre Diablo", odiado por todo el mundo. Pito no respeta a nadie porque nadie le respeta a él; amó pero fué engañado por sus novias: sólo el esqueleto de una mujer merece ser amado. Por todo esto, mientras los hombres trabajan, Pito bebe tequila; roba a los ricos como acto de justicia; enamora a la mujer de su patrono sólo por hacerse simpático.

Pito siente piedad por los pobres a quienes aconseja respetar la ley y escupir en la cara de legisladores y políticos. Pito permanece fiel a sus creencias hasta su muerte, aun hasta después de su muerte, porque al morir sobre el montón de basura, las cenizas inútiles de un hombre olvidado se pierden para siempre, mezcladas con el polvo de la tierra.

Hay un gran parecido entre los personajes de Charlie Chaplin y Pito Pérez. Pito critica la sociedad en que vive, usa la sátira abundantemente, tiene conciencia social y penetración de la naturaleza humana. Rubén Romero y Chaplin usan su talento de manera humorística y patética para denunciar los vicios sociales, demostrando una profunda comprensión de las clases bajas. En ambos autores discernimos a menudo una combinación de sátira, sentimiento y fantasía; el humor y la tristeza son en ambos de tipo poético.

En la película *One Night Out*, mientras es arrastrado por un camino por Ben Turpin, Chaplin de repente coge una margarita y la huele. En un instante "el borracho se transforma en poeta". Pito Pérez, muriéndose de hambre y medio desnudo, sube al campanario de la iglesia "para pescar memorias con el anzuelo del paisaje." En ambos autores notamos también riqueza de inventiva, ternura y gravedad, elementos que penetran hondamente en lo universal de la naturaleza humana.

En *A Dog's Life*, por ejemplo, Chaplin es un filósofo vagabundo que critica las convenciones y estupideces sociales; "la vida es, para el hombre común, una vida de perros, lo cual no es una excusa para no sacar de ella el mejor partido posible." Pito Pérez también vive una vida miserable, pero se consuela con el conocimiento de que si otros gozan con su sufrimiento él también debe encontrarlo divertido. Lo único que necesita para sentirse optimista es una botella de tequila.

La semejanza entre *The Kid* y Pito Pérez es notable. Chaplin trata aquí el tema del hombrecito que carece de bienes materiales pero es persona importante en su propio mundo de ensueño. Es el filósofo vagabundo y bondadoso que vive de manos a boca pero que sueña en días mejores. Pito Pérez también es dueño de un mundo de ensueño en el cual encuentra lo que le niega la sociedad en la vida real. En *The Circus* y en *City Lights* nos encontramos con los mismos recursos humorísticos y patéticos que Romero usa en *Pito Pérez:* la pérdida de la novia, conquistada por el rival feliz, escenas sentimentales llenas de simpatía humana y sufrimiento, y una gran penetración psicológica. Finalmente, en *Modern Times* parece que Chaplin fuera la encarnación de Pito Pérez: Huyendo de la fábrica pasa por muchas aventuras, cada vez perdiendo una nueva ilusión, hasta que al fin queda frente a la vida incierto y desvalido. ¿No es éste el proceso exacto del desarrollo de la vida de Pito en la novela de Romero?

El escritor argentino Arturo Cancela puede ser tomado como ejemplo de humorismo americano. En su libro *Tres relatos porteños,* Cancela nos ofrece un cuadro de psicología y costumbres criollas en contraste con las fórmulas corrientes en Europa. El cuento intitulado *El bacilo de Herrlin* nos dará la clave de su sentido del humor:

> El doctor Augusto Herrlin, de la Facultad de la Universidad de Upsala, publica su informe acerca de una nueva enfermedad del conejo (Lepus cuniculus Vulgaris). El doctor Herrlin, que sólo tiene cuarenta años, es considerado como un joven de mucho futuro; durante los últimos ocho años el doctor ha sido novio de la séptima hija del profesor Hedenius; a ella le dedica su informe en los términos siguientes:
>
> > A mi novia
> > Harolda Hedenius
> > quien, a su virtud y belleza
> > agrega un nombre ilustre
> > en las conquistas de la flora microscópica.
>
> El cónsul argentino en Estocolmo piensa que los descubrimientos científicos del doctor Herrlin pueden ser muy útiles en Argentina, país donde abunda esta plaga. Envía a su gobierno una relación detallada en la cual explica que el profesor Herrlin ha descubierto un bacilo capaz de exterminar al conejo salvaje. El ministro de Agricultura de esta nación invita al sabio sueco a la Argentina con objeto

de dirigir la campaña contra el conejo. También nombra al doctor Simón Camilo Sánchez jefe del nuevo departamento "Guerra al Conejo". El doctor Sánchez es el hombre ideal para el puesto, dado que ya desempeña los siguientes empleos: Director General de Agricultura, Ganadería y Piscicultura; profesor de Derecho Internacional; profesor de Servicio Consular e Historia de América; instructor de Ciencias Políticas y Filosofía del Derecho.

El doctor Sánchez empieza sus labores. En pocos días crea el nuevo Departamento de protección agrícola (D. P. A.). Según sus planes el territorio de la república se dividirá en veinte zonas, cada una dirigida por un comisario cuyo deber es informar semanalmente a Buenos Aires sobre actividades conejiles. El Ministro acepta el plan y, con un presupuesto de medio millón de pesos y 250 empleados, el D. P. A. empieza a funcionar. El primer trabajo es la confección de un mapa de la república que señala en tinta azul los lugares infestados por los conejos. Toda la superficie de la tierra se ve azul como si sobre todo el territorio argentino alguien hubiera derramado una botella de tinta Stephen.

Los primeros informes del D. P. A. comunican oficialmente que los conejos son cuadrúpedos, mamíferos, rapidísimos y muy fértiles. El comisario de Mendoza, pide que, por tan preciosas informaciones, se aumente el número de empleados de su oficina de diez a ciento. El ministro se ve obligado a reorganizar el D. P. A. nombrando mil doscientos nuevos empleados. Hay que agregar también nuevas secciones a la Oficina de Buenos Aires: oficina de personal, oficina de estadística, oficina de propaganda; en resumen: otros trescientos empleados. Ahora el país es inundado con panfletos, carteles, anuncios y mapas de la República, terriblemente manchados de azul. En los lugares más remotos de la Argentina los únicos conejos visibles son los que aparecen en los carteles anunciando orgullosamente esta inscripción: "El conejo es el peor enemigo de la agricultura".

En medio de estas actividades preliminares llega el doctor Herrlin a Buenos Aires. Es una llegada por demás inoportuna, debido a que los diputados socialistas están atacando el enorme presupuesto sometido por el D. P. A.: un millón y medio de pesos. La mejor política bajo fuego es quedarse tranquilo; por consiguiente cuando el doctor Herrlin aparece en el Ministerio de Agricultura uno de los secretarios le ruega que se vaya a su casa y permanezca sin revelar su presencia en la Argentina. Pasan los días y los meses, y la única actividad del doctor Herrlin es ir a cobrar su cheque mensual y pasear por las calles de Buenos Aires.

Cansado de esta vida de ocio, el Dr. Herrlin se va a vivir a la pensión de doña Asunción Fragoso, en donde una noche, después de abundantes libaciones, establece su primer contacto con el enemigo: un enorme conejo, el consentido de doña Asunción. Este conejo, cuyo nombre es don Pepe, da mucho que hacer al doctor en el futuro.

Mientras se prepara el bacilo en el Instituto de Bacteriología, los conejos aumentan en tal proporción que llegan a devorar toda la verdura del país. Se vuelve a aumentar el personal del D. P. A. y estos empleados devoran a su vez el dinero de la tesorería nacional. El presupuesto llega a la suma astronómica de ocho millones de pesos, a pesar de las protestas de los socialistas que exigen pruebas, aunque sea el cadáver de un solo conejo.

Por fin se inaugura el Instituto modelo de Bacteriología agrícola, con asistencia del Presidente de la República. El doctor Herrlin pronuncia el discurso principal y dice, entre otras cosas de mucho interés, que la especie conejo dió su nombre a la nación más caballeresca en la historia del mundo: España. "Los filólogos —exclama— sostienen que la palabra 'España' significa conejo, desde que el nombre hebreo de este animal es 'Saphan', que dió 'Sphania' en fenicio e 'Hispania' en latín."

Al otro día el profesor Herrlin es retado a duelo por el director de un periódico de Buenos Aires, un español de pelo en pecho que acusa al doctor Herrlin de haber pisoteado el nombre de España llamándola "cuniculosa". El doctor rehusa aceptar el desafío y firma un documento en que asegura su amor por España y declara que Estrabón, Plinio y Catulo, sus fuentes históricas, eran sólo unos libelistas que habían creado la leyenda negra de España. Sin embargo, uno de los padrinos no queda satisfecho con la explicación y escribe que el doctor es un cobarde que lucha con el enemigo desde el refugio de un laboratorio. "Nosotros los españoles —dice— mataríamos cara a cara a los conejos."

Sobre el nuevo instituto empiezan a actuar las intrigas

políticas. Se crea una nueva junta para controlar las actividades del doctor Herrlin. Jefe de esta nueva división es el doctor Aníbal Gaona, quien más tarde, y debido a sus importantes actividades contra los conejos, llega a ser candidato a la presidencia de la república. Por otro lado, el partido socialista apoya la candidatura del doctor Vertiz; su programa es: el conejo no existe, es sólo una invención del gobierno actual.

En medio de esta lucha política los enemigos del doctor Gaona atacan el Instituto de Bacteriología. Una certera pedrada manda al doctor Herrlin al hospital. El resultado es un caso de amnesia en que el profesor olvida el idioma español; todas las experiencias de Buenos Aires desaparecen de su mente y sólo recuerda los viejos días de Upsala y a su querida novia Harolda. Del hospital es llevado otra vez a la casa de doña Asunción, quien le cuida tan esmeradamente que en pocos meses comienza a recordar su vida en la Argentina y su lengua española, pero ¡ay! a costa del sueco y Harolda. Su mejor amigo es ahora don Pepe, el conejo, y todos son felices. Pero he aquí que un día don Pepe encuentra un pequeño tubo que contiene el bacilo Herrlin; con una natural curiosidad conejil don Pepe se traga el líquido y muere muy pronto en brazos de doña Asunción. La pobre mujer queda desconsolada y entonces el profesor Herrlin, comprendiendo el gran daño que ha causado, desea consolar a doña Asunción y se casa con ella. Don Pepe es sepultado en el jardín y en su tumba escribe el doctor Herrlin la siguiente inscripción: "Aquí yace don Pepe, primera y única víctima americana del Bacilo Herrlin."

Los tres novelistas que he elegido para escribir este ensayo representan no sólo el humorismo hispanoamericano sino varias formas de humorismo. En la novela de Genaro Prieto tenemos un ejemplo evidente de ironía dramática: los éxitos de Julián le conducen por fin a la deshonra y a la muerte; en *Pito Pérez* tenemos un buen ejemplo de sátira, es decir, el proceso de interpretar para ridiculizar varias características tomadas directamente del mundo real; en *El Bacilo del doctor Herrlin*, Cancela tiene una actitud irónica, una capacidad objetiva para descubrir lo ridículo en la vida ordinaria y para exagerarlo con el propósito de producir un efecto cómico.

Los críticos literarios consideran a estos tres novelistas como claros representantes de humorismo. Un estudio completo del humorismo en nuestro continente presupone una revisión total de nuestra literatura, una revaluación de nuestros valores artísticos.

XII

JOSÉ SANTOS CHOCANO
(1875-1934)

Ahora que ha muerto el poeta laureado del Perú, es un deber dedicarle el estudio que siempre le negamos, a causa de que su vida fué la negación del ideal que nos hemos formado de la misión del poeta, ideal demasiado alto tal vez para los que se dedican al trato con las Musas en América.

Vida violenta fué la suya, más de lo que conviene a un cultivador de la belleza. Nació, según él, al rumor de la trompetería y los años de su infancia fueron de lucha y de fragor:

> Cuando nací, la guerra
> llegaba hasta la sierra
> más alta de mi tierra;
> y al poner de repente
> mi pie dentro de un charco de sangre, el charco hirviente
> con una de sus gotas me salpicó la frente.

Entre luchas, cárceles y amores, pasó su juventud, y ya hombre, rodó diez y siete años por tierras de América y de Europa. Conquistó mujeres, se batió en duelo, fué juglar elegante en ateneos, teatros y salones. En la mitad de su camino se detuvo y cantó:

> Hace ya diez años
> que recorro el mundo.
> ¡He vivido poco!
> ¡Me he cansado mucho!
> Quien vive de prisa no vive de veras,
> quien no echa raíces no puede dar frutos.

Aduló a los tiranos de nuestro continente y se hizo pagar bien su adulación. En Venezuela cultivó relaciones con Juan Vicente Gómez; en México siguió a Pancho Villa y fué su consejero; en Guatemala fué hombre de confianza de Estrada Cabrera y después de la caída del tirano, el poeta fué condenado a muerte. Su prestigio lírico le salvó. Vuelto a su tierra natal, logró ganarse la protección del dictador Leguía y fué coronado poeta oficial del Perú, en medio de escenas operáticas y estruendosos discursos.

Convertido en el más ruidoso defensor de lo que él llamaba la dictadura organizadora y en el cantor de las glorias peruanas, Chocano fué el impugnador de las ideas liberales con que José Vasconcelos conquistaba a la juventud universitaria de América. Terció en la discusión el brillante pensador limeño Edwin Elmore, discípulo de Vasconcelos, y después de serios altercados, Chocano asesinó a Elmore, al ser agredido por éste. Se le condenó a tres años de prisión pero fué indultado una vez más, gracias a las súplicas de los escritores amigos y al poder omnipotente del déspota. Vientos contrarios le llevaron a Chile, país por el cual Chocano nunca sintió gran simpatía y que ahora le recibió con su tradicional hospitalidad. Allí vivió sus últimos años. Alguna vez trató de atraerse la buena voluntad del nuevo caudillo de su patria, Coronel Sánchez Cerro, pero sin resultados.

Desilusionado tal vez de su teoría de las dictaduras orgazadoras, se dedicó a preparar nuevas ediciones de sus poemas y a buscar tesoros ocultos. Durante mi estada en Santiago en 1932, oí decir con cierta sorna que Chocano andaba buscando oro a orillas del río Mapocho. Alguna verdad debió de haber en esto porque el mismo Chocano me habló con seriedad del asunto y porque ahora el poeta acaba de caer asesinado por uno de sus propios socios quien le acusaba de no haberle entregado su parte del tesoro. La muerte de Chocano parece un episodio sacado de las páginas de *Treasure Island* de Robert Louis Stevenson.

Chocano vino al mundo de las letras hispanoamericanas demasiado tarde, cuando ya nuestros intelectuales conocían la aristocracia lírica de Mallarmé y la vaga melancolía de Verlaine, aquel que le cortó el cuello a la elocuencia. Bien pudo algún crítico equivocarse al augurar el futuro de nuestra poesía tomando como base de sus juicios el romanticismo matizado de Gutiérrez Nájera, el subjetivismo inquietante de Silva o la rara perfección técnica de Rubén Darío. Se presentía a fines de siglo una época de lirismo finamente sensual, de misticismo y de novedades y rarezas de expresión. Parecía que ya la grandilocuencia huguesca, el delirio poético, el frenesí pasional, eran cosas del pasado, cuando de repente aparecen esos últimos románticos de América, nerviosos y desorbitados, cuyos pegasos van dando saltos, entre riscos y cumbres: Pedro Antonio González, José Santos Chocano. La obra de estos poetas significa un retroceso de más de medio siglo, hacia las fórmulas gastadas de los poetas revolucionarios y libertarios, de los cantores de la independencia y de los enemigos de la tiranía, José Mármol, José Joaquín de Olmedo, José María Heredia. Verdad es que no se había interrumpido esta tradición de poetas grandiosos y que aun en la República Argentina, país tan alejado del trópico, tuvo representantes tan destacados como Olegario Andrade y *Almafuerte*. Pero de todos estos poetas discípulos del Divino Herrera, del Divino Quintana o del Divino Espronceda, ninguno tan fogoso, tan altisonante, tan olímpico como José Santos Chocano.

Pertenece a la escuela de Byron, de Hugo, de Espronceda, más que a la de Leconte de Lisle o de Hérédia, el francés, como han asegurado sus admiradores. Más que el son metálico del parnaso tiene el tamborileo descompasado, el grito y el rugido del romántico. Sus imágenes son violentas, inarmónicas. Su vocabulario no es el producto de una larga selección. Ya lo hizo notar Ventura García Calderón al decir que Chocano ve la naturaleza con ojos de niño o de salvaje; no puede hacerse una negación más absoluta del clasicismo de un poeta. Si Chocano hubiera escrito el soneto *Les Conquérants*, habría hecho que los capitanes al partir

ivres d'un rêve héroïque et brutal,

se expresaran en una forma libérrima y áspera, en tanto que Hérédia mantiene en su poema la serena euritmia de las estatuas.

Uno de los grandes deseos de Chocano consistía en ser considerado como el Walt Whitman de la América hispana. Sin embargo, entre los dos poetas no hay nada en común. Walt Whitman es el poeta de las multitudes, que hasta cuando entona el canto de su propio ser está interpretando el alma de las masas:

I celebrate myself;
And what I assume you shall assume;
For every atom belonging to me, as good belongs to you.

En tanto que Chocano, al cantar el pasado, el presente o el futuro de América, nos recuerda constantemente que él es el Colón de la poesía, que es épico dos veces, que es "el cantor de América autóctono y salvaje", que es un león con alas de cóndor, que es divino y es sagrado:

> Cuatro veces he nacido, cuatro veces me he encarnado:
> soy de América dos veces y dos veces español.
> Si poeta soy ahora, fuí Virrey en el pasado,
> Capitán por las conquistas y Monarca por el Sol.

Mientras que Whitman canta a los atletas, a los mecánicos ("The young mechanic is closest to me—he knows me well"), a los soldados, campesinos, trabajadores de todas clases, en un estilo llano, despreciando ritmos, rimas, palabras poéticas, Chocano se inspira en los virreyes, dedica sus cantos al Rey de España, celebra cortesanas, marquesas de empolvadas pelucas, palacios de encantamiento, en estrofas de un sonsonete desesperante, con rimas de dudoso valor (español, sol; hielo, cielo; Balboa, boa; sonoro, oro; Andes, grandes) y en estilo engolado y barroco. Whitman mira hacia el futuro; Chocano hacia el pasado. Whitman es un hombre libre, un demoledor; Chocano es una especie de poeta cortesano, adulador de soldados mandones. El lector de Walt Whitman, por poca sensibilidad o cultura literaria que tenga, no dejará de reconocer en el autor de *Leaves of Grass* una fuerza viva y poderosa, una voz original y potente, en tanto que en Chocano se pone en evidencia la fórmula literaria, la falsedad académica.

Chocano quiso ser el poeta de América. Evocó en pulidos sonetos a las nobles damas de cortes coloniales, y en recias estrofas endecasílabas, a los conquistadores. Le deslumbró el espectáculo de los imperios inca y azteca y se quedó atónito ante la revelación de la selva virgen. Su naturaleza es empero un enorme telón en que se agrupan flora y fauna tropicales. Enormes lagartos, caimanes, jaguares, serpientes de toda especie, tortugas, guacamayos, iguanas, en esta película que envidiaría Martin Johnson. Todo es grandioso y extraordinario en la pupila alucinada de este poeta tropical, de este conquistador, de este Bernal Díaz del verso:

> Yo beberé en las aguas de caudalosos ríos,
> yo cruzaré otros bosques lozanos y bravíos,
> yo buscaré a otra Musa que asombre al Universo.

Su naturaleza es cinematográfica. Enumera más que describe, no con la prolija abundancia de Walt Whitman pero sí con la empalagosa insistencia de un poeta parnasiano de poco vuelo. Lo curioso es que Chocano, nutrido de lecturas preciosistas, trata casi siempre de poetizar su visión grandiosa de la historia y del paisaje y cae en ridículas figuras retóricas. Por ejemplo, ve a los conquistadores, Pizarro, Cortés, Alvarado, Valdivia, en desfile glorioso por el horizonte de la historia, pero les ve

> cual si fuesen bordados en colores
> sobre grandes tapices de Damasco.

Los Andes, las enormes masas que cantara con voz estentórea Olmedo, son para Chocano como la serpiente de Laoconte en los desnudos mármoles; el Orinoco es un dragón con alas invisibles; el ala abierta del cóndor es un abanico; la selva milenaria "copia el frufrú de los sedosos trajes". Chocano ve el mundo americano con un poderoso anteojo de larga vista y lo expresa como si lo hubiera contemplado con el anteojo al revés.

Chocano ha enriquecido en cierto modo la poesía modernista con el primitivismo de su visión y la sonora violencia de su estilo. En un período de europeísmo literario, él quiso dar una nota americana; no lo logró enteramente pero señaló posibilidades que iban a ser aprovechadas, no por los poetas sino por los novelistas del tipo de José Eustasio Rivera. El preciosismo modernista le restó vigor a su americanismo, ya que sus metáforas, sus imágenes y sus símbolos lo adornaron con una túnica de cuentecillas de colores y de piedras falsas. En vez de expresar su visión del mundo en forma sencilla y robusta, se dejó tentar por el bizantinismo literario y nos habló de Andes de plata, selvas tropicales que son cabelleras de hermosas, peñascos que se rodean de espuma como si se pusieran una sortija. Lo que ganó en elegancia lo perdió en intensidad, y colocado entre el democrático tono de Walt Whitman y el versallesco esplendor de Rubén Darío, no encontró nunca su verdadero camino. Verdad es que en la rara mezcla de elementos estéticos que forman su expresión nos ha dejado algunas miniaturas de auténtico valor; sirva de ejemplo el soneto

La garza real

La garza tropical de la ribera
cual magnolia en las linfas se retrata,
y afirma sobre el fango un pie escarlata
que finge un sello sobre blanda cera.

Es a modo de un ánfora ligera,
pulido cofre de viviente plata:
dos abanicos trémulos desata
cual si fuesen dos hojas de palmera.

Siempre en un pie y ya muerta, ese bohío
entonces dejará donde ha anidado
y, al fin, diseca habitará una alcoba;

y en vez de verse en el cristal del río,
se verá en un espejo biselado
encima de un ropero de caoba.

Si Chocano no logró escribir jamás un poema de la solidez arquitectónica del *Canto a Roosevelt* o *La salutación del optimista* de Rubén Darío, la suma total de sus versos heroicos constituye una expresión más viril que la del poeta de Nicaragua. Poemas como *Los caballos de los conquistadores, La caravana del Sultán, La canción del camino* y muchos de los contenidos en su último libro, *Primicias de oro de Indias*, nos hacen olvidar sus oropeles para dejarnos llevar por el torrente desatado de su lirismo prepotente. No poseía tampoco este poeta el ritmo interno de Rubén pero, siguiendo la forma poética liberada que usó Silva en su famoso *Nocturno*, obtuvo resultados espléndidos, como en su *Danza griega:*

La griega baila gravemente.
La griega baila gravemente con monorrítmico vaivén.
Alza su cuerpo
como en un brindis una copa que hirviese llena de placer;

y vibra toda,
con la violenta sacudida de un arrebato sin porqué.
Inmóvil quédase un instante;
y por detrás de la cabeza cruza sus brazos; y después
saca su tórax, y se quiebra
por la cintura en un escorzo de melodiosa languidez...
La griega baila gravemente.
La griega baila gravemente con monorrítmico vaivén.

Mas no todo fué en él hinchazón ni sonsonete sino que muchas veces sintió el llamado de las voces íntimas, en las horas de recogimiento espiritual y de pretéritas añoranzas. Entonces su palabra adquirió una suave ternura e hizo poesía verdadera:

Nostalgia

Hace ya diez años
que recorro el mundo.
He vivido poco.
Me he cansado mucho.
Quien vive de prisa no vive de veras,
quien no echa raíces no puede dar frutos.

    Ser río que corre, ser nube que pasa,
sin dejar recuerdo ni rastro ninguno,
es triste; y más triste para quien se siente
nube en lo elevado, río en lo profundo.

    Quisiera ser árbol mejor que ser ave,
quisiera ser leño mejor que ser humo;
y al viaje que cansa
prefiero el terruño:
la ciudad nativa con sus campanarios,
arcaicos balcones, portales vetustos
y calles estrechas, como si las casas
tampoco quisieran separarse mucho...

    Estoy en la orilla
de un sendero abrupto.
Miro la serpiente de la carretera
que en cada momento da vueltas a un nudo;
y, entonces, comprendo que el camino es largo,
    que el terreno es brusco,

>   que la cuesta es ardua,
>   que el paisaje es mustio.
>
> ¡Señor ! ¡ya me canso de viajar! Ya siento
> nostalgia, ya ansío descansar muy junto
> de los míos... Todos rodearán mi asiento
> para que les diga mis penas y triunfos;
> y yo, a la manera del que recorriera
> un álbum de cromos, contaré con gusto
> las mil y una noches de mis aventuras,
> y acabaré en esta frase de infortunio:
>   He vivido poco.
>   Me he cansado mucho.

En su última obra, *Oro de Indias,* se liberó un tanto, en algunos poemas, de su expresión engolada y heráldica. En las composiciones largas subsiste el mismo énfasis oratorio, el mismo ruido de timbal y sonaja, pero en otras breves hay tal sencillez y claridad que creemos estar en presencia de un poeta de tono menor, de un Chocano olvidado de su actitud de cantor oficial de las glorias de América. No es frecuente el hallazgo pero sí sugerente, ya que señala una posibilidad que desgraciadamente no se cumplió:

>   *¿Dónde estoy?*
>
>   Me he extraviado, y no me encuentro...
>   ¿Qué camino habré tomado?
>   Lucero desorbitado
>   que se escapó de su centro:
>   piedra que una honda ha lanzado
>   noche adentro...
>
>   No sé qué afán de plumajes
>   sobre horizontes inciertos
>   me arrastró por los desiertos,
>   me empujó a los oleajes;
>   y con los ojos abiertos
>   viví soñando paisajes;
>   ¡oh, los viajes!
>   ¡oh, los puertos!
>
>   Y por mar y tierra, así,
>   mis dos alas desplumé

al viento en que las abrí;
y tal mi alma repartí,
que ¡quién sabe en donde esté
más de lo que estoy en mí! ...

No indica esto que Chocano se haya renovado profundamente, hacia los últimos años de su vida. Su actitud fué siempre la misma; únicamente que el mundo de sus recuerdos se agrandaba y por lo tanto su vida interna se hacía más intensa. Iba a la vejez por el camino sentimental de la añoranza.

Y ahora que ha muerto le podemos juzgar con la sinceridad que su obra merece. Chocano no fué nunca poeta modernista ni siquiera moderno; vigoroso cantor de un aspecto de la grandeza americana, se extravió en la mitad de la jornada. De su obra se olvidará gran parte en el futuro, pero con sus mejores poemas se podría hacer una antología definitiva que guardara su nombre en el recuerdo de las nuevas generaciones de América y que diera más lustre a las letras del Perú y del continente.

OBRAS POÉTICAS DE CHOCANO

Iras santas, 1895
En la aldea, 1895
Azahares, 1896
La selva virgen, 1896
La epopeya del Morro, 1899
El derrumbamiento, 1899
El canto del siglo, 1901
Los cantos del Pacífico, 1904
Alma América, 1906
Fiat Lux, 1908
El hombre—Sol—Ayacucho y los Andes, 1924
Primicias de oro de Indias, 1934
Poemas del amor doliente, 1937
Oro de Indias, t. I, *Pompas solares*, 1939; t. II, *Fantasía errante*, 1940.

XIII

CONSIDERACIONES ACERCA DEL PENSAMIENTO HISPANOAMERICANO

Un mal dibujante traza casi siempre el mapa de la América del Sur en forma de signo de interrogación. Considerando este fenómeno, nos es fácil llegar a dos conclusiones más verídicas de lo que se podría creer: *a)* la mayor parte de los individuos que han hecho el mapa cultural de América son malos dibujantes; *b)* el mapa de nuestro continente no tiene la forma de un signo de interrogación. La culpa de todo esto, claro está, la tenemos nosotros mismos. Hemos dejado que hombres venidos de otras tierras y otros climas vengan a decirnos lo que somos o dejamos de ser; hemos llegado a creer a pie juntillas que nos han dicho la verdad, y aun cuando los sabemos equivocados, seguimos sosteniendo que tienen razón y nos adaptamos o transformamos de muy buena voluntad para que nuestra idiosincrasia encaje en la fórmula que nos destinaron.

Desde los tiempos coloniales han venido de fuera los hombres que han explicado al mundo el espectáculo de América y su habitante. Espectáculo, porque eso y nada más fueron las tierras nuevas para descubridores y colonos y han seguido siéndolo para el científico de los siglos XVIII y XIX y para el turista intelectual de los tiempos modernos. Desde Oviedo hasta Keyserling, Siegfried y Frank, pasando por Darwin, Humboldt, Prescott, sólo voces extrañas a nuestros oídos nos han dicho cuál es nuestro mundo objetivo, cuál nuestro horizonte espiritual. Nosotros, por inercia, por la certeza de nuestra inferioridad, o por lo que se quiera, hemos sido los conejos de India —*cobaya, agutí*. Orgullosamente lo hemos sido, con el corazón palpitante y las pupilas extasiadas ante el vidrio luminoso del microscopio.

¡Y qué no han dicho de nosotros los turistas de todos los tiempos! Desde las maravillosas invenciones del Padre las Casas hasta las policromías infantiles de Paul Morand y las alegorías absurdas del buen Conde de Keyserling ¡cuánta falsedad, cuánta falta de comprensión y de sentido americano! ¿Cuál de estos turistas miró cara a cara al indio, vió su alma angustiada y perdida en el cruce de cien caminos, descendió hasta lo más profundo de su tragedia? Espectáculo, nada más que espectáculo para el arqueólogo, para el antropólogo, para el historiador, para el sociólogo; turistas todos, turistas de gestos doctorales y astigmatismo visual y mental.

Sólo ahora empezamos a sospechar que bien pudiéramos nosotros mismos meternos en nuestro yo y explicar luego al mundo lo que tenemos, pensamos y queremos; sólo ahora nos damos cuenta de que el mejor expositor del hombre americano debe ser el hombre americano y de que todo conocimiento que no sea inmanente no subirá jamás de la categoría descriptiva. Ya nos cansamos, pues, de ser espectáculo y hemos comenzado la conquista de nuestra personalidad racial, cuya primera etapa consiste en el conocimiento propio. ¿Quiénes somos? ¿En qué grado nos diferenciamos del hombre europeo, asiático, norteamericano? ¿Es la expresión de nuestra idiosincrasia resultado de una intercompenetración del hombre con su ambiente? ¿Nos hemos extraviado en los caminos de la historia? ¿Tenemos algún rol que cumplir en la civilización que no pueda ser satisfecho por el hombre de otras partes? ¿Somos la continuación mental de Europa o debemos ensayar nuevas formas de pensamiento?

Al tratar del problema cultural de nuestro continente debemos tener en cuenta estas preguntas. Debemos buscar la solución de las mismas con un criterio esencialmente realista, forma de sistema que yo creo típicamente americana, evitando por igual el dogmatismo de un Spengler como el malabarismo verbal de un Ortega y Gasset. Frente a nuestra actitud de misticismo contemplativo están el pragmatismo de James y la *Weltanschauung* del profesor Dewey. Acaso nuestro caótico misticismo se pueda orientar por caminos seguros y sólidamente construídos.

La aparición de un nuevo pensador hispanoamericano es siempre un acontecimiento en nuestra vida intelectual, saturada de impresionismo, facilidad estilística y esteticismo. Y si este pensador es un hombre joven, mayor razón de regocijo, ya que la actitud austera y el gesto meditabundo parecen ser el privilegio exclusivo de la vejez entre nosotros. La trayectoria de la vida del escritor ha sido casi siempre la misma: poesía lírica a los veinte años, prosa a los treinta, puesto diplomático o político a los cuarenta. Y por encima de todo esto una profunda indiferencia por los problemas americanos y un falso barniz de europeísmo. Las excepciones —Sarmiento, González Prada— sirven sólo para confirmar nuestra palabra.

Desconocido aún para la mayoría pensante de América se nos presenta un joven escritor boliviano con un libro nutrido y original que ha dado motivo a estas notas marginales mías. Su nombre es Humberto Palza; su libro se intitula *El Hombre como método*. Adivinamos desde el título la influencia del racionalismo kantiano y nos disponemos a encontrar esa falsa perspectiva que venimos criticando a lo largo de este artículo, pero tras cuidadosa lectura nos hallamos con una síntesis admirable de pensamiento hispanoamericano. Su autor, aun tratando de establecer una serie de categorías filosóficas autóctonas para su continente, se revela hombre modernísimo de América, tan atento al ritmo cultural de Europa como al latido del alma indígena de su tierra. Efectivamente, *Amerika ist wie ein Januskopf*.

Hombre de sólida cultura filosófica, Palza entra con el valor de su nobleza de propósitos en el análisis de la cultura occidental y de su hombre, aceptando hasta donde es prudente la teoría de que Europa está en peligro de derrumbe y aprovechándola para urgir a América a que encuentre su propio derrotero, porque si la cultura europea "es la más alta síntesis lograda hasta ahora, el punto más alto del proceso de superación" (cultural), es lógico deducir, y así lo apunta Palza, la necesidad, no sólo la posibilidad de subsiguientes superaciones.

Notamos inmediatamente el eco de las palabras de Spengler en su difundido libro *La Decadencia de Occidente* y un aprovechamiento nuevo de sus enseñanzas. Sólo que aquí entramos nosotros a oponerle reparos. Nosotros no creemos en la decadencia de Europa —tampoco lo cree Palza *toto corde*—; antes por el contrario, consideramos que su culto actual de la fuerza y la violencia, su barbarie aparente, es sólo un proceso de adaptación, de readaptación mejor, una protesta contra el fracaso de ciertos postulados que nos llegan del siglo XVIII, en resumen, una forma de vitalidad puramente biológica que forzosamente dará paso a nuevas formas espirituales.

A vuelta de consideraciones acerca del origen y formas de la cultura europea, Palza insiste en una concepción antropomórfica de la cultura, que para el español adquiere caracteres verdaderamente egocéntricos, ejemplarizada en las ideas de casi todos los filósofos ibéricos desde el doctor Juan Huarte hasta don Higuel de Unamuno. Teoría del hombre concreto que adquiere proporciones fantásticas en los santos, en San Juan de la Cruz y en Santa Teresa, al aplicarse a la deidad.

Mas, he aquí que para nuestro joven y alerta pensador boliviano el hombre empieza a desaparecer destrozado, aniquilado casi, por la maquinaria que se levanta por sobre él como un monstruo invencible, su propia creación. En el auge que adquiere la biografía en nuestros días se echa de ver esa "nostalgia" por la pérdida del hombre, la inútil búsqueda de él en épocas pasadas. Por encantadora paradoja, esa pérdida de la personalidad europea es uno de los andamiajes norteamericanos que sobre lo individual coloca la colectividad. Al juzgar al hombre norteamericano llama la atención del señor Palza el espíritu de servicio social y la especialización cuyo centro estaría en las universidades. Si es verdad que nuestro autor conoce ya bastante bien a este pueblo de los Estados Unidos, su cultura afrancesada le dificulta un tanto la comprensión absoluta de las causas fundamentales de la civilización norteamericana, aunque hay que aplaudir en él el profundo respeto con que aborda el problema. La suya es una actitud muy similar a la de José Enrique Rodó, tan elegante aunque inciertamente expresada en *Ariel*, similitud que alcanza hasta las conclusiones finales, pues donde el uruguayo reconoce el triunfo de la voluntad (*will*), el boliviano alaba cualidades positivas como las de empresa, decisión y acción. Y pensando en su América India, Palza termina por decir: "El hacer es un llegar a dominar, el no hacer es un quedar dominado. Y piénsese lo valioso que esta ingenua verdad tiene para constituir una nación."

Pasa seguidamente el señor Palza al estudio del hombre indoamericano y dedica bellas páginas a la conquista de nuestro continente. En ellas rinde caluroso homenaje al conquistador español del siglo XVI. En conclusiones que parecen paradojas expresa definitivas verdades como aquella de que España se indoamericaniza, parecida a la de nuestro querido Sanín Cano, que afirmó en cierta ocasión que España era la última república hispanoamericana. Al discutir el cruce de razas levanta como una lanza esta terrible verdad: el alma indígena apenas si entró en el mestizaje, el indigenismo fué poseído en su materialidad y en su alma. El alma del indio quedó aislada, oculta, como planta que crece entre rocas y ventisqueros. El mestizo resulta una especie de caos en que dos razas distintas, una dotada para la acción y la otra para un pasivo panteísmo, se unen en perpetua discordia. Así se produce el problema más serio que se cierne amenazante sobre el futuro del hombre americano, el alma indefinida, en lucha consigo misma, del mestizo, blanco de sátiras y ataques de todo el mundo, alma corrompida y perversa que sintetiza todo lo malo del indio y del blanco, según europeizantes e indigenistas. El alma del mestizo existe, sin embargo, y forma las tres cuartas partes de nuestra América; de ella debemos preocuparnos primordialmente y con criterio realista. Loarla o menospreciarla será siempre debilidad, vicio de quien busque el refugio del avestruz.

La moral del mestizo es susceptible de mejoramiento. Bastaría, según Palza, con la creación de una cultura que se levante sobre el hombre propio, por él y para él. Pero esto no es suficiente, ya que nos queda el problema del indio, cuya solución —y la del mestizo mismo— sería el mestizamiento: "El alma o encuentra en él su propia vía de expresión o está condenada a no tener ninguna." La tierra sería el medio de lograr este movimiento y así lo asegura Palza en forma concreta y segura: "El orden indio-mestizo-blanco en que descansa el mundo indoamericano está construído sobre la base de una posición humana respecto a la tierra; más cerca de ésta trabajándola con las propias manos, más bajo en la escala social, es decir, indio; más lejos de ella, de la tierra, trabajándola o explotándola con intermediario (hacendado), en consecuencia, más 'decente', es decir, blanco o semiblanco. Entre los dos queda siempre suspendido el mestizo. Urge, pues, conectarlo de algún modo con una base cierta de sustentación. Ya se ha dicho cuál debe ser. Al dársela, lo indígena tendrá su órgano de expresión y lo mestizo habrá salido de su estado de indefinición o duda mental, que es, en verdad, lo que representa en el momento."

Esta posición indefinida, variable, del mestizo, produce la mentalidad fragmentaria tan típica del hispanoamericano, que se vuelve a veces hacia Europa y otras a las culturas precolombinas en busca de raigambre, de tradición. Esto de la tradición, sobre todo en lo que concierne a lo literario, me ha preocupado intensamente al considerar lo fragmentario de nuestra expresión en el campo de las bellas letras. Porque teorizar sobre un caso dado es siempre fácil, pero llegar a la correcta interpretación del caso individual no lo es tanto. Y aquí entraríamos en un problema de geografía racial porque lo que para el boliviano o el peruano, herederos de la maravillosa cultura incaica, es, o debería ser, un deber espiritual (la vuelta al ancestro indígena), para el chileno, el argentino o el uruguayo no sería sino una falsa actitud de autoctonismo fingido. La tradición de estos tres pueblos está en lo puramente español, ya que en lo araucano o guaraní nadie se atrevería a buscar una clave espiritual.

El mestizo carece de una cultura propia, entendiendo este concepto en su forma más elemental, la del dominio del hombre sobre su mundo natural circundante. Él es el dominado por la naturaleza y aquí se nos presenta el caso doble del hombre sin mundo y del mundo sin hombre. El único señor de su naturaleza es el indio porque se ha mantenido en contacto constante con la tierra. La revolución mexicana ha comprendido la esterilidad del hombre desposeído y ha devuelto al indio sus tierras, reintegrándose así a su mundo conocido, al dominio pleno de su alma. Esto es, en la acción, lo que quiere decir Palza al hablar del hombre como método.

Todo esto está muy bien, pero es aquí donde se nos presentan serias dudas acerca de la necesidad de cumplir este programa en un mundo industrializado, en un mundo maquinista. Reconocemos y aceptamos que toda base de cultura es la tierra, que en ella nacimos y a ella hemos de volver el rostro al morir. Agricultura: cultura del agro. Pero no podemos desentendernos de las leyes económicas que rigen el mundo actual. Si nos alejamos de la maquinaria para volver al cultivo primitivo de la tierra, si tratamos de establecer el contacto directo del hombre con el suelo, nos quedaremos a la zaga de los pueblos industrializados, en los cuales la agricultura misma es una industria; seremos invadidos en nuestros propios dominios, o seremos explotados en intercambios de productos hechos en forma injusta e irrisoria.

El mismo señor Palza habla en el último capítulo de su libro del hombre boliviano y de su actitud de recogimiento espiritual, actitud de ensueño, contemplativa, de su mentalidad impráctica. ¿Qué le ha pasado a Bolivia en la historia? Países menos ensimismados, europeizados casi hasta la claudicación, se han apoderado de sus puertos, de sus minas, de sus ríos y la han encerrado en sus agrias montañas. Y si el boliviano continúa con los ojos vueltos hacia su mundo interior, día llegará en que se encuentre sometido al vasallaje de la Argentina, de Chile o de los Estados Unidos. Desde luego, y en el terreno puramente económico, Bolivia no es sino una colonia del capitalismo internacional. Ésta es la tragedia de América, tragedia provocada por los grandes capitanes de la industria mundial. Ellos nos observan, nos sonríen, nos adulan para luego despojarnos de nuestras más queridas posesiones, estén ellas en el fondo de la tierra o en el hondón de nuestras almas. En algún ensayo escrito hace ya varios años impugnaba yo el programa cultural que nos ofrecía Rodó en su *Ariel;* hoy, y por las mismas razones, me parece que las ideas del señor Palza, mucho más simpáticas para mí que las del maestro uruguayo, entrañan parecido peligro. Mi opinión franca en este tema es que, si queremos mantener nuestra independencia y nuestra soberanía, debemos proceder a saltos, como el tigre, y no dejarnos atrapar en la mitad de la jornada.

En su estudio *El Hombre como método* sigue Palza las ideas expuestas por Kant en su *Antropología:* el objeto más importante del mundo a que el hombre puede aplicarse es el hombre mismo, porque él es su propio fin último. He aquí entonces el punto de partida del joven pensador boliviano, el hombre como método, es decir, antes que nada hay que conocer al hombre como materia prima en el conocimiento del mundo. Se necesitaría entonces en América una especie de antropología filosófica que considerara al hombre como ser espiritual, como la resultante cultural de factores históricos y raciales. Al discutir el trasplante de la ciencia europea a América y la carencia de bases fundamentales de pensamiento en el hombre del nuevo mundo, llega Palza a conclusiones trágicamente ciertas, asegurando que la cultura universitaria hispanoamericana es sólo un adiestramiento en la técnica, o sea en las partes más externas del pensamiento científico. El deber del hispanoamericano es encontrar el ritmo adecuado entre su propia vida, tal como es, y su pensamiento; pero es él mismo quien debe descubrir su movimiento ideológico interno, la categoría de su pensamiento, necesariamente distinta de la del hombre europeo.

Al concebir así un pensamiento propio hispanoamericano no se está lejos de concebir una ciencia autóctona, cosa posible si por ciencia se entiende "una articulación o compenetración la más perfecta posible con el mundo actual". Lo triste es que el hombre americano —excepción del indio— ha perdido esa compenetración con su naturaleza y se atiene a la ciencia europea de una manera casi objetiva. Hay que volver a crear en la mente americana ciertas leyes naturales descubiertas por la ciencia europea. Para evitar la dispersión del pensamiento aconseja Palza la fundación de la universidad panindoamericana, que tendría por objeto el estudio de las normas fundamentales de una ciencia y de una filosofía hispanoamericanas para extraer de todo ello una tabla de las categorías del pensamiento autóctono, valederas para éste y sólo para éste.

Defensores fanáticos del hispanoamericanismo literario, pecaríamos de inconsecuentes si no viéramos en la obra del señor Palza un valor extraordinario para el pensamiento de nuestro continente. En ella encontrará la juventud de América inspiración y ejemplo, lección saludable de patriotismo, anunciaciones de un futuro mejor, posibilidad de reconquistar nuestra dignidad de pensamiento, perdida en el afán ciego de la imitación y de la inercia. Regocijo puro de nuestra inteligencia es el descubrimiento de un nuevo pensador y orgullo de la mejor ley presentarlo al mundo de habla hispana.[1]

---

[1] Este ensayo sirvió de Introducción al libro *El Hombre como método*, de Humberto Palza, publicado en San Francisco de California, en 1939.

XIV

APUNTES SOBRE EL ESTILO Y EL CARÁCTER DE MANUEL GONZÁLEZ PRADA

Leyendo a Manuel González Prada se robustece nuestra fe en el futuro literario de América. Ciertas cualidades raciales determinan su estilo y colocan su obra en una superficie paralela a la de Domingo Faustino Sarmiento, Juan Montalvo, José Martí y José Enrique Rodó. Se ha dicho que González Prada es un renovador de la prosa castellana y queremos detenernos un momento a considerar este punto. Hay renovadores estrictamente literarios que, gracias a su talento asimilador y a su sensibilidad, son capaces de atesorar palabras selectas, imágenes y símiles afortunados, y adquirir un movimiento especial de expresión, un ritmo que, sin ser individual, les da un carácter definido. Cuando dos o más escritores coinciden en momento histórico, cultura, similitud de temas, fuentes de inspiración, se forman las escuelas literarias. No sería difícil demostrar que en las obras de Martí, Darío, Asunción Silva, Gutiérrez Nájera y Díaz Rodríguez hay un latido común que podría extenderse a los veinte discípulos del modernismo. El caso de González Prada es diferente: él es el temperamento hecho verbo, el hombre vertido en la palabra, como en Quevedo, Larra o Sarmiento. Y en este sentido, todo hombre de fuerte personalidad y de pensamientos propios será siempre un renovador de la forma, ya se trate de un orador, de un escritor o de un científico.

González Prada renueva la prosa hispanoamericana por los años 1885 a 1900, sin que se pueda decir que contribuya a la formación del movimiento modernista, como hicieron Silva y Martí. Él sí que pudo decir con más razón que Darío: "Mi prosa es mía en mí", y la prueba de ello es que los escritores peruanos que se creen discípulos suyos siguen sus ideas, imitan su actitud, pero estilísticamente están muy lejos del maestro. El mismo González Prada entendía las cosas de este modo al escribir en *Páginas libres:*

Entre la lluvia de frases que se agitan con vertiginoso revoloteo de murciélago y la aglomeración de períodos que se mueven con insoportable lentitud de serpiente amodorrada, existe la prosa natural, la que brota espontáneamente cuando no seguimos las preocupaciones de escuela ni adoptamos una manera convencional.

El estilo para este escritor fué vida, acción orgánica casi y por eso despreciaba los amaneramientos de algunos modernistas tanto como lo que él llamaba la prosa asmática de algunos clásicos. Ideas y expresión forman parte de un todo y el hombre sin pensamiento queda excluído de la familia de los escritores:

> Arcaísmo implica retroceso: a escritor arcaico, pensador retrógrado. Ningún autor con lenguaje avejentado, por más pensamientos juveniles que emplee, logrará nunca el favor del público; porque las ideas del siglo, ingeridas en estilo vetusto, recuerdan a las esencias balsámicas inyectadas en las arterias de un muerto: preservan de la fermentación cadavérica pero no comunican lozanía, calor ni vida.

Y por eso fué que se lanzó como un nuevo Quijote contra los fantasmas literarios de don Juan Valera y destruyó de una zarpada las veleidades oratorias de Castelar y la poesía anacrónica de Gaspar Núñez de Arce.

De acuerdo con su proceso de romanticismo creador, sus grandes pasiones determinan sus mejores páginas: su odio a Chile, su desprecio por la tiranía de Benavides, su ira ante las injusticias sociales, su furor frente a la hipocresía de la Iglesia, su repugnancia por la mala literatura. Cuando se trata de atacar a los perversos, a los cretinos, a los aduladores, a los hipócritas, a los abúlicos, a los mandones, su frase quema como brasa, se enrosca como látigo, penetra como daga, y entonces el escritor crece, se agiganta, es todo un hombre, toda una nación, toda una raza. Y es la síntesis de todas las voces de los hombres libres que han sido en nuestras tierras.

Como pensador González Prada ocupa la posición extrema de la izquierda. Llega a la anarquía y al ateísmo. Se levanta en el lodo y en la noche de América como un roble rebelde azotado por cien tempestades. Niega, golpea, destruye, pero el ojo avizor puede hallar, debajo de tanta violencia y de tanta osadía, un fondo de optimismo. Él habría hecho un mundo mejor.

Y posee una extraordinaria valentía. Iguala con la vida el pensamiento, se sacrifica por su ideal, acomete a los tigres en sus madrigueras, sin olvidar a las raposas. Es el ejemplo más preclaro de hombría que tenemos. Pocos hombres pueden mirarle el rostro sin sentir el rubor de estar tan distantes de su nobleza.

Pudo ser el gran crítico de nuestro continente; al escribir sobre los poetas y prosistas españoles del siglo pasado había demostrado capacidad para el oficio; en las opiniones literarias que encontramos espigando en sus páginas, hay un criterio realista, una comprensión del problema artístico hispanoamericano, definición de ambiente, señalamiento de rutas. Él, que había escrito: "los hombres de genio son cordilleras nevadas, los imitadores no pasan de riachuelos alimentados con el deshielo de la cumbre", ¡qué páginas tan justicieras habría escrito sobre los turiferarios de Rubén Darío y sobre los jóvenes del surrealismo! Habría sido el primer enemigo del modernismo y habría sido el anunciador de la vigorosa novela contemporánea que cultivan Azuela, Lynch, Gallegos y algunos nuevos escritores del Perú y del Ecuador. Ya en 1889, González Prada había definido el americanismo literario, el estilo que iba a servir de expresión a los prosistas de 1936:

> Aquí, en América y en nuestro siglo, necesitamos una lengua fecunda, como riego en tierra de labor; una lengua que envuelva períodos con el estruendo y valentía de las olas en la playa; una lengua democrática que no se arredre con nombres propios ni con frases crudas como juramento de soldado; una lengua, en fin, donde se perciba el golpe del martillo en el yunque, el estridor de la locomotora en el riel, la fulguración de la luz en el foco eléctrico y hasta el olor del ácido fénico, el humo de la chimenea o el chirrido de la polea en el eje.

En un país reblandecido por la molicie colonial y desmoralizado por la derrota de la guerra con Chile, González Prada fué un profesor de energías. Negando impulsaba a la acción y en su ejemplo están las raíces del partido aprista peruano. Mariátegui y Haya de la Torre van siguiendo sus pasos y todos los hombres peruanos del futuro que traten de hacer patria hallarán en sus libros útiles consejos. Se adelantó por más de cien años a su época y por lo tanto seguirá vivo en el corazón de las juventudes de este siglo.

La obra y el carácter de Manuel González Prada merecen un estudio documentado y un análisis cuidadoso. Estos breves apuntes, indignos del maestro de *Horas de lucha*, pudieran ser puntos de partida, signos de invitación para algún investigador en el campo riquísimo de la literatura hispanoamericana.

XV

RICARDO JAIMES FREYRE
(1868-1933)

Con la muerte de Ricardo Jaimes Freyre América perdió uno de los poetas más caracterizados del movimiento modernista. Su nombre, llevado en alas de la gloria, junto al de Darío, tuvo siempre algo de misterioso y lejano, una rara mezcla de altanería y de humildad. Mientras que la vida de Jaimes Freyre era para nosotros un misterio, abundaban los datos acerca de Darío, Lugones, Nervo, Chocano, Herrera y Reissig. Nunca, hasta hoy, pudimos saber el año de nacimiento del poeta de *Castalia bárbara*, y aunque le sabíamos boliviano, desconocíamos las causas que le hicieron salir de su país para ir a enterrarse por tantos años en Tucumán. Su silencio absoluto contrastaba con la fiebre de renombre de otros poetas de su escuela, Darío, Chocano, Blanco Fombona; sin la violencia vital de Díaz Mirón, tenía el gran respeto del mexicano por la dignidad austera del artista, la concepción mística del genio creador. Enemigo de toda exhibición y propaganda, vivió su existencia noblemente y murió con la serenidad del hombre que ha cumplido su misión con honradez y eficacia.

A fines del siglo pasado fundó en colaboración con Darío y Lugones *La Revista de América*, en Buenos Aires, órgano del movimiento modernista en Argentina. Al exquisito temperamento de Rubén y al admirable genio asimilador de Lugones oponía Jaimes Freyre su clara percepción de los problemas estéticos, su actitud teorizante y definidora. Corta fué la vida de *La Revista* pero quedaron allí saludables doctrinas literarias y tres grandes nombres eternamente fijos en la historia literaria de América. Alejado de Buenos Aires, pasa largos años en Tucumán, donde llega a ser Presidente del Departamento de Educación, co-fundador de la Universidad, profesor del Colegio, historiador de la provincia, editor de una revista literaria y mantenedor de juegos florales. Su energía silenciosa y constante logró dar gran impulso a la vida intelectual de la ciudad, pues, como los maestros de antaño, enseñaba dentro y fuera de la cátedra. Juan Terán nos habla del poeta en estos días:

> Traía también de su herencia peruana el gusto por la conversación, por el salón, la sociedad de damas, por los gestos cortesanos, por las maneras de señorío. Bastaba ver su silueta aristocrática y enjuta y su porte grave, su ademán gentil y altivo de hidalgo, cruzando en las tardes las calles solitarias o la Plaza de Tucumán. Era un cuadro a lo Velázquez éste en cuyo primer plano estaba el caballero, de traje negro, de tez moruna, sombrero de una ala alzada, en segundo plano el verde profundo de los naranjos, burilados, como el caballero, por la luz deslumbrante de la lenta tarde tropical. Como el espectador del cuadro, escuchaba también las campanas de las iglesias vecinas que entremezclaban los toques melancólicos del ángelus, podía emocionarse ante esta estampa viva del siglo XVI de Castilla o del Perú.

Después vuelve a su patria y es Canciller de Bolivia, en 1923; Ministro en Wáshington y en Río de Janeiro, parlamentario y persona de gran influencia en los círculos educacionales de su país. Desempeñó tan altos puestos en forma digna y eficaz, aunque a veces su orgullo de artista ponía a duras pruebas las rigideces del ceremonial diplomático. Fernando Diez de Medina nos da una clara descripción de Jaimes Freyre:

> Mediana la estatura. Erguido el torso varonil. Alta la frente. Señorial el porte. De rasgos firmes y duro el rostro; apretada la piel; cruzados de vivacidad y altaneros los ojos. Decorando la imponencia del rostro, el escorzo atrevido de los mostachos mosqueteriles. Y luego el clásico chambergo alado voluntariosamente curvado sobre la rebelde y crinada melena. Solemne el gesto, la voz sonora y grave, fluían las palabras con majestad y cuando el orador ocupaba la tribuna, toda la arquitectura humana se sacudía al imperio de una eléctrica fuerza y dotaba al hombre de notable poder persuasivo, cuando no suspendía la atención del auditorio con el rasgo violento de la diestra nerviosa o la fiebre iracunda de los ojos ardidos.

Tipo de hombre renacentista, Jaimes Freyre posee una cultura multiforme. Filósofo, historiador, parlamentario, orador, maestro, diplomático, poeta, es ante todo un gran señor, un temperamento eminentemente aristocrático. Su inteligencia superior le guiaba admirablemente por todos los campos de estudio que emprendía, y donde tantos otros sólo exhibieron sus caprichos de dilettantes alcanzó él una gran competencia. En su conocida *Historia del Tucumán colonial* su prosa sobria y firme da un encanto especial al hecho histórico, a la narración imparcial. En *Aspectos del Brasil* sus dotes de estilista armonizan con su poder de observación; en la *Historia de la Edad Media y de los Tiempos Modernos*, logra salvar de la monotonía la ejecución de un asunto poco grato a la imaginación de los estudiantes, debido a la pesadez tradicional de los historiadores que se han preocupado del arreglo de textos. En *Los Conquistadores* Jaimes Freyre ejecuta con éxito el ya anacrónico drama histórico.

Jaimes Freyre es el único poeta modernista que se preocupa sistemáticamente de la teoría literaria. Su libro *Leyes de la versificación castellana* ensaya una definición del ritmo de nuestra poesía. A las elementales observaciones de los preceptistas de lengua española, desde Nebrija hasta Andrés Bello, que se limitaban a definir las leyes de ritmos ya consagrados por nuestros poetas, agrega Jaimes Freyre el estudio de la música verbal, la ley del ritmo general del idioma. La enunciación de la teoría de Jaimes Freyre es ésta: los versos castellanos se forman combinando períodos prosódicos. El período prosódico consiste en una sílaba acentuada o un grupo de sílabas no mayor de siete, de las cuales la última tiene acento intenso, estén o no acentuadas las otras. Períodos prosódicos iguales son los que constan del mismo número de sílabas; análogos los que constan de un número desigual, pero sólo pares o sólo impares; diferentes los que constan de un número desigual, pares unos, impares otros. La combinación de períodos iguales o de períodos análogos constituye el verso. La combinación de períodos diferentes constituye la prosa. Las estrofas o estancias se forman únicamente combinando versos que consten de períodos iguales o análogos entre sí;

esto es, un verso formado por períodos pares no puede combinarse con otro formado por períodos impares.

Si los partidarios de la teoría clásica y los de las cláusulas silábicas no aceptaron las teorías de Jaimes Freyre fué debido a un convencionalismo mal entendido, por cuanto la lógica de su razonamiento es indiscutible. Hoy, en medio de la anarquía completa de nuestra poesía, su libro ha perdido valor, pero cuando la serenidad vuelva a imperar en nuestro lirismo, las *Leyes de la versificación castellana* ocuparán el lugar que merecen en nuestra estimación.

Jaimes Freyre publicó su *Castalia bárbara* en 1899, cuando ya Rubén Darío había dado a luz sus *Prosas profanas* (1896) y Leopoldo Lugones sus *Montañas del oro* (1897). Estaba ya lanzado el movimiento modernista en el lirismo ardiente del argentino y en la aristocracia del nicaragüense. Jaimes Freyre da variedad al intento estético y agranda la perspectiva de la escuela. Se abre su *Castalia bárbara*, su castalia nórdica, con el poema *Camino de los Cisnes*. Fiel a su teoría literaria, empieza la combinación de períodos análogos; el dodecasílabo y el de diez y seis dan inmediatamente cierta novedad al conjunto. Jaimes Freyre va siguiendo de cerca a Víctor Hugo, despreciando acaso la melodía de *Prosas profanas* para seguir el ritmo brusco que convenía a sus temas, un tanto extraños a la inspiración latina. Recio de contextura, su verso tiene esa grandilocuencia huguesca tan rara en otros poetas del modernismo; sus metáforas, violentas a veces, no cuadran bien con su fama de poeta delicado y simbólico:

> Crespas olas adheridas a las crines
> con sus cuerpos desgarrados y sangrientos,
> que se esfuman lentamente en los crepúsculos,
> turbios ojos de la noche, circundados de misterio.

Ahora es Lok el que canta a los vientos helados, a las olas rugientes, a la pálida muerte, en un ambiente de pesadilla y de angustia:

> Canta Lok en la oscura región desolada
> y hay vapores de sangre en el canto de Lok.

Su inspiración se enciende en visiones de sangre y muerte; ya es el bárbaro que en medio del combate lanza su alarido pavoroso y lúgubre; ya los cuervos sombríos que tienden las alas hacia el héroe agonizante; ya es la noche en que

> van las nubes por el cielo. Son Endriagos y Quimeras,
> y enigmáticas Esfinges de la fiebre compañeras,
> y Unicornios espantables y Dragones, que persigue
> la compacta muchedumbre de las venenosas Hidras;
> y sus miembros desgarrados en las noches silenciosas
> ocultan con velo denso la faz de la luna lívida.

Observa Lugones en el prólogo de la primera edición de *Castalia bárbara:* "Infinitamente sensible, teme las escarpaduras demasiado vivas del presente torturado y batallador; vuelve sus ojos al pasado, mejor cuanto más irrestituíble, y por esto mismo toma por incertidumbre el ilusorio miraje con que le mitigan al par la distancia y la bruma; siéntese apegado a esos muertos, a esa fe, a esos ideales; déjase envenenar por el filtro peligroso de la nostalgia negligente, que infunden las fatigas acumuladas en el desatentado afán de lo perfecto, y ante la imposibilidad de justificar su propio culto, le instala de modo que sea inatacable a los tónicos reactivos de la controversia, prefiriendo ver bello en la ilusión a ver racional en la experiencia." En su poema *Los Elfos* se prueban las palabras de Lugones. El poeta ve en el tronco de una encina una flecha; llegan los elfos y juegan alrededor del árbol. En la laguna allí cercana duermen los cisnes; para oír el último canto del cisne los elfos blanden el venablo y hieren a la primera de las sagradas aves; luego escuchan el alado canto postrero. ¿Ensueño? ¿Leyenda? Acaso sólo capricho del poeta, pero capricho útil para el crítico que puede situar su modo estético. Igual cosa podemos observar en *Las hadas*. Con sus cabelleras luminosas y rubias se acercan las hadas; bajo un árbol y a la orilla del pantano está el cuerpo de una virgen; a lo lejos pasa la cabalgata, resoplidos de jaurías, sonidos de trompas de caza; las hadas besan la frente de la virgen en cuyos ojos muertos brilla la mirada; ahora las hadas se alejan; la virgen va con ellas:

> Con sus rubias cabelleras luminosas
> se alejan las Hadas.
> A su paso los abetos de la selva,
> como ofrenda tienden las crujientes ramas.

> Con su rubia cabellera luminosa
> va la virgen blanca.

De sus recuerdos de historia y mitología nórdica saca temas de concepción bárbara para satisfacer su sed de exotismo, como en su poema *Walhalla:*

> Vibra el himno rojo. Chocan los escudos y las lanzas
> con largo fragor siniestro.
> De las heridas sangrientas por la abierta boca brotan
> ríos purpúreos.
>   Hay besos y risas.
>   Y un cráneo lleno
> de hidromiel, en donde apagan,
> abrasados por la fiebre, su sed los guerreros muertos.

Y por fin el hijo de las culturas mediterráneas quiere interpretar el triunfo del cristianismo en esas tierras bárbaras del Norte. En la gran selva donde escuchan el Águila negra y los Cuervos de Odín, donde el alce y el bisonte rompen las ramas y se oyen extrañas salmodias, la hija de Thor ve de pronto, a la sombra de un fresno, al Dios silencioso que tiene los brazos abiertos. Thor, el guerrero formidable, decide aplastar a ese Dios; sin embargo

> Ya en la selva sagrada no se oyen las viejas salmodias,
> ni la voz amorosa de Freya cantando a lo lejos.
>
> Agonizan los Dioses que pueblan la selva sagrada,
> y en la lengua de Orga se extinguen los divinos versos.
>
> Solo, erguido a la sombra de un árbol,
> hay un Dios silencioso que tiene los brazos abiertos.

En la parte de *Castalia bárbara* intitulada *Voz de ensueño*, Jaimes Freyre acusa una fuerte influencia de Darío; de corte parnasiano, casi todos estos poemas se caracterizan por una suave sensualidad que se resuelve en tristeza. Ante la belleza de la mujer las palabras del poeta, como un crepúsculo, se suavizan:

> En las nacientes colinas,
> sobre la nieve, botones de rosa se alzan,
> y hay alburas
> de cisnes en tu garganta.

> ¿Por qué no juegan Amores y Deseos
> con los botones de rosa que sobre tu seno se alzan?
> ¿Por qué los besos
> no corren sobre tu cuerpo por tus venas azuladas?
>
> Desfallece,
> como un crepúsculo, el eco de las palabras.

En la lejana Thule, en el país de la reina fantasía, envuelta en la pálida nostalgia de las ruinas, está la mujer imposible de sus sueños; o es la Venus errante, amada por los marineros que jamás han visto su rostro. A veces, siglodieciochesco y verlainiano, invita a una vizcondesa a dialogar bajo el follaje, como hacía Rubén con las princesas de sus fantasías. Y entonces Jaimes Freyre rivaliza en elegancia con el gran nicaragüense, y nos describe jardines versallescos, de pompa señorial:

> Juegan alegremente Risas y Amores
> sobre el plinto que enlaza la verde yedra;
> alza el busto soberbio bajo las flores,
> una Venus que adornan flores de piedra.
>
> El sol de mediodía con sus reflejos
> dora la faz de Juno, severa y pura,
> y Diana, pensativa, mira a lo lejos,
> el temblor de las hojas en la espesura.
>
> Bajo la marquesina de la glorieta
> tiende un cisne las alas de seda y nieve,
> y busca, sobre el césped, su vista inquieta,
> la huella fugitiva de un paso leve.

Alguna vez aparece en sus estrofas una alegría pagana, un ansia ilimitada de amor, una faunesca visión del mundo en primavera. Es la alegría de las *Prosas profanas*, vivida intelectualmente por Lugones, Darío y Jaimes Freyre, en sus lecturas de poetas franceses y en el ambiente elegante de la gran capital. En el fondo de todos estos poemas se puede distinguir la sonrisa de sátiro envejecido del Pauvre Lelian.

> Sangre de las venas de las rosas rosas
> baña las mejillas, purpura los labios,
> en las fugitivas horas voluptuosas
> hay fuego en las venas de las rosas rosas.

Hay fuego en las venas de las rosas rosas
y el Fauno contempla, desde la espesura,
las primaverales luchas amorosas,
la sangre en las Ninfas de las rosas rosas.

El poeta americano que ha bebido su inspiración en fuentes francesas y que se ha extasiado largamente en las leyendas de los viejos países no halla campo propicio a sus sueños en nuestras ciudades bulliciosas y comercializadas. Los poetas del modernismo suspiraban por países ideales en medio del achatamiento de su ambiente; Amado Nervo se fingía místicos espejismos; Darío poblaba sus poemas de faunos, ninfas, príncipes y marquesas; Julián del Casal quería viajar por mares y tierras desconocidas y vivir siempre lejos de su patria; Chocano añoraba viejas civilizaciones incaicas; Tablada tendía sus ojos hacia el Japón fino y galante; Silva se suicidó ante la perspectiva de vivir siempre en su tierra natal. Ya hemos visto cómo Jaimes Freyre canta a las brumosas tierras del norte. La Edad Media también le atrae, la edad heroica y poética:

Pórtico

Villano, trovador, fraile o guerrero,
con hoz, breviario, bandolín o espada,
fuera hermoso vivir en la pasada
heroica edad de corazón de acero.

¡Fuera hermoso, en verdad! Si fraile austero
ver a Dios con extática mirada;
llevar por la esperanza constelada
y la fe, el alma, si infeliz pechero.

Si trovador, en el feudal castillo
cantar guerras y amor, al suave brillo
de los ojos de hermosa castellana;

Combatir, si guerrero, noche y día,
asaltar, lanza en mano, una abadía,
o acuchillar la hueste musulmana.

Entre 1899 y 1917 escribió Jaimes Freyre los pocos poemas que tituló *Los sueños son vida*. En estos años el poeta se ha hecho más profundo y ha aprendido la gracia alada del símbolo. Le preocupa menos ahora la forma de sus poemas y por lo general no cae en las violencias métricas de antaño. De vez en cuando usa el verso libre pero no con la frecuencia de antes. En su poema *Desde la frágil barca*, maravilloso de ritmo y de significado, nos dice el cantor cómo *Los sueños son vida*. Una voz misteriosa le inicia en esta amable sabiduría:

> He estrechado en mis brazos fantasmas y mujeres;
> probé todas las copas de todos los placeres,
> y oí una voz que dijo: —¡Cuán dulcemente mueres!
> Y cuando me moría: —Puedes vivir, si quieres...
>
> Toda visión, entonces, es realidad dormida.
> (Viejo ya Segismundo, con el alma abatida,
> quiere hallar en los sueños su fe desvanecida
> y amargamente sabe que los sueños son vida.)

¡Toda visión es realidad dormida! Romántica actitud ante la vida es ésta de cerrar los ojos y vivir en el mundo interior. Echar a volar el alma por los espacios sin fin de la quimera, temeroso de vivir porque el poeta ha aprendido en estos siglos de progreso mecánico que la vida no es sueño. Y aunque los ojos de la Esfinge cubran de sombra su esquife quedará siempre vivo ese rayo de sol de la ilusión porque, más realista y más aprovechado que Don Quijote, no despertará de su locura:

> Sobre un corcel jadeante va el pobre caballero,
> la vista en las estrellas y el gesto noble y fiero.

Como el autor de *Azul*, podría exclamar Jaimes Freyre: Entre la catedral y las ruinas paganas, vuelas ¡oh, Psiquis, oh, alma mía!, porque si en *Alma helénica* los pájaros sagrados le hablan al oído de sus gloriosos avatares paganos, en *Dios sea loado* siente el profundo consuelo de creer en Cristo. En *Los antepasados* quiere descifrar el arcano de su origen: ¿monje, señor feudal, juglar, conquistador? Repasa la historia desde Alfonso el Sabio hasta Colón y después busca por tierra incaica y tierra azteca. Por fin sintetiza y define al hombre nuevo de América:

> Los nietos de los rubios conquistadores
> que asombraron los siglos con sus proezas,

juntan al noble orgullo de sus mayores
un mundo de ancestrales vagas tristezas.

Tristezas que se mezclan con sus placeres,
que dan a sus amores ansias secretas,
suspiran en los labios de sus mujeres,
sollozan en los versos de sus poetas;

porque en vano la roja terrible espada,
que hirió al azteca altivo y al inca fuerte,
que hizo flamear su lábaro sobre Granada,
tres civilizaciones hirió de muerte.

Fué tal vez un arcano grave y profundo,
de confusas grandezas y sombras lleno,
el que fundió en la raza del Nuevo Mundo
al indio, al castellano y al sarraceno.

El corte parnasiano de su verso esconde siempre una fina emoción; el ideal triunfa de la forma coruscante y sensual. Continúa en algunos poemas la elegante decoración de las fiestas galantes en parques llenos de aves raras, flores, estatuas de Venus, Junos, Dianas, donde un poeta recita epigramas y sonríe eternamente la boca de una hermosa. Pero ya más humanizado, escribirá su intenso y dolorido poema *Al borde de la tumba de Tolstoy* y descenderá hasta el fondo del dolor universal en *Las víctimas*.

Maestro, ya tu espíritu se hundió en el mar sereno;
en el mar infinito de luz y sombras lleno
que en los supremos éxtasis tu genio vislumbró.

La esfinge se ha dormido bajo tu excelsa mano
y en la noche solemne del inviolado arcano
el temblor luminoso de tu mirada entró.

Hay algo del estoicismo de De Vigny en la poesía de Jaimes Freyre. Se adivina en la intención de sus cantos que el poeta se ha guardado lo mejor, el pensamiento más suyo, la emoción más íntima. Estamos ya muy lejos del grito apasionado de Manuel Acuña y de la entrega total de Gutiérrez Nájera. No se podría decir de él, sin embargo, lo que dijo Rodó de Darío, que tiene el cerebro macerado en aromas y el corazón vestido de piel de Suecia. Como Darío, cierra los ojos a la realidad cotidiana pero sobre cada poema suyo flota liviana e indefinida una vaga tristeza. Ama la suntuosidad, lo aristocrático, lo noble, pero no se embriaga de belleza verbal; en vez del derroche de oro, piedras preciosas, marfil, ofrece Jaimes Freyre un verso vivo, agudo, intencionado.

Poeta de un solo libro —ya que *Los sueños son vida* forman un breve manojo de poemas—, Jaimes Freyre pasará por él a nuestra gloria literaria. Iniciador del versolibrismo en nuestro continente, con Becú y Darío, precursor también de nuestro actual cosmopolitismo cultural, el nombre de este poeta boliviano vivirá siempre al lado de los grandes nombres de nuestra poesía, junto a los de Rubén Darío, Julio Herrera y Reissig, Amado Nervo, Díaz Mirón y José Asunción Silva.

Obras de Jaimes Freyre

Castalia Bárbara (1ª ed.). Buenos Aires, 1899.
Los Sueños son Vida. Buenos Aires, 1917.
Castalia Bárbara. Los Sueños son Vida. Madrid, 1918.
Castalia Bárbara. País de Sueño. País de Sombra. Prólogo de L. Lugones. La Paz, 1918.
Castalia Bárbara y otros poemas. Prólogo de L. Lugones. México, 1920.
Leyes de la Versificación Castellana (1ª ed.). Buenos Aires, 1912. Estudios fragmentarios aparecieron en la *Revista de Letras y Ciencias*, Tucumán, 1906.
Leyes de la Versificación Castellana (2ª ed.). La Paz, 1919.
Ricardo Jaimes Freyre. *Poesías Completas. Leyes de la Versificación Castellana.* Buenos Aires, 1944.
La hija de Jefté, drama. La Paz, 1899.
Los Conquistadores, drama histórico. 1928.

XVI

XAVIER VILLAURRUTIA
(1903-1950)

No creo que hubiera otro poeta en Hispanoamérica que trabajase su poesía con más devoción que Villaurrutia. En sus treinta años de vida literaria escribió menos que muchos adolescentes líricos. Cada poema suyo, por breve que sea, tiene su historia, su hora de placer, su agonía y, a veces, su muerte. Rosales de pocas rosas en un jardín flotante o sumergido; rosales de rara aunque tenue fragancia en lejanos jardines con lluvia debajo de sol.

Su verso sencillo y breve juega con su misma esencia y juega con las cosas; las refleja sin tortura en sus primeros años, como si fuera espejo o fuente, como si el mundo objetivo estuviera petrificado; como si el corazón del poeta no vibrara con ninguna pasión.

Así su libro *Reflejos*, de temperatura fría, un poco duro, acerado, un poco esquivo hasta en la soledad y en el ensueño. Poesía de la quietud y del silencio, con paisaje mojado, de suave brillo, o simplemente muerto en las pupilas del poeta, que lo reflejan lo mismo que su verso.

Poesía de reflejos en él. Acaso no le interesara en sus primeros versos comunicar sus estados anímicos, los reflejos prisioneros de la belleza mínima de las cosas. Sólo se establecía entonces en su poesía una relación íntima entre el mundo y sus sentidos, entre sus ojos y las formas, entre sus dedos y las rosas; entre los rostros muertos de las mujeres de los cuadros y su estática mirada.

Jugaba Villaurrutia con imágenes y líneas y palabras. El caracol de sus oídos se llenaba con ecos argentinos de agua: los ojos se llenaban de los colores del arroyo, de la nube, de la hoja. Lo llevaba todo hacia su alma pero parece que nunca llegara hasta su fondo y se quedara en el misterio, entre la sensación y el sentimiento.

Quiere hacer a veces una metáfora violenta, mas no le alcanza el respiro, deja caer los instrumentos retóricos y se queda con el impulso roto y una vaga sonrisa maliciosa. Un tenue perfume, un simulacro de sonrisa, un fragmento de emoción bajo una imagen que tiembla y se disuelve.

Él mismo dijo a su poesía: "Eres la compañía con quien hablo de pronto, a solas." Compañera de él, entonces, con existencia propia ¿de mujer o de estatua? De pronto, como un reflejo y a solas, para que el roce vulgar no la ahuyente.

En sus años de labor intensa e íntima el poeta se forma en su soledad y puede recoger en su latido las alegrías, los dolores, el sueño y la realidad. Sus imágenes ya no son reflejos sino voces en su alma:

> Todo lo que la sombra
> hace oír con el duro
> golpe de su silencio...

Inconforme con su técnica antigua, busca Villaurrutia fórmulas nuevas de expresión y ensaya planos y superficies cubistas, desintegración surrealista y hasta la ingenua gracia rítmica de la mística española. Ya no es la frágil metáfora que aprendiera de Juan Ramón Jiménez, brujo de la imagen. Ahora él mismo se para frente a la muerte como frente a una estatua, pero no logra llegar al estremecimiento humano. Villaurrutia continúa impasible, más poeta que hombre, y aun en esos *Nocturnos* (que a otro le helarían la voz) él tiene tiempo para hacer ejercicios que, aunque ingeniosos, restan intensidad a su poema:

> Cae mi voz
> y mi voz que madura
> y mi voz quemadura
> y mi bosque madura
> y mi voz quema dura...

Poesía espectral que nos trae a la memoria las alegorías místicas de la Edad Media; poesía de mujeres y hombres pálidos en aposentos lívidos. Poesía del yeso, de la nieve, del acero, de huecos, de piel fría, de ceniza. Poesía en que se sienten choques de huesos y de vidrios en duro silencio de pesadilla. La piel atrae a Villaurrutia más que la sangre; el poeta desdeña la intuición lógica y bucea en el laberinto de la vida irracional para descubrir sus materiales poéticos. Como en el caso de Salvador Dalí, parece que su única ambición en el mundo poético fuera materializar las imágenes de la irracionalidad concreta con un extraordinario deseo de precisión, para que el mundo de la imaginación y de la irracionalidad concreta pueda ser tan objetivamente evidente como el mundo exterior de realidad fenoménica, de la misma consistencia, de la misma durabilidad y del mismo volumen persuasivo y comunicable. Así lo importante es el sujeto irracional en su forma concreta; así los sueños polutos de este escritor; sus visiones espectrales y sus viajes de sonámbulo por los caminos de lo irracional, y sus poemas realistas o surrealistas, tan concretos en su antirrealidad.

Décima Muerte es para mí el poema más logrado de Xavier. Angustia deleitosa de la muerte es lo que aflige y complace al poeta. Ha abandonado aquí su actitud surrealista y canta a la muerte como lo hacían Santa Teresa y Lope de Vega, con el placer físico de "entrarse en la muerte," de dormirse en ella; en aquello de

>Ven muerte tan escondida...

o lo otro:
>vivo sin vivir en mí...

que es en su boca:
>para no sentir un goce
>ni un dolor contigo, Muerte...

Y en esta certeza de transformación puramente física va Xavier hacia la más nítida sensación espiritual cuando pide a la Muerte que cambie su envoltura en

>materia de diamante
>luminosa, eterna y pura.

No es posible ir más allá en la representación clásica de la poesía modernizada, pero tan fiel al viejo modelo. Xavier expresa en forma correctísima este "disparate" de amor que diría José Bergamín:

> Si te llevo en mí prendida
> y te acaricio y escondo;
> si te alimento en el fondo
> de mi más secreta herida;
> si mi muerte te da vida
> y goce mi frenesí,
> ¿qué será, Muerte, de ti
> cuando al salir yo del mundo,
> deshecho el nudo profundo,
> tengas que salir de mí?

El poeta impasible se duele de esa muerte ya sin propósito, de esa muerte sin cuerpo, vagabunda y sola. Actitud de supremo amor en que el hombre ahija a la Muerte y quiere eternizar el nudo y darle muerte a la Muerte.

Dentro de las más sutiles complejidades psicológicas Villaurrutia hallaba en el amor, en su amor, una constante muerte. El amor se le presentaba de manera insólita, como angustia, duda, cólera, soberbia, envidia, avaricia, sed, lujuria, gula, pero le conducía finalmente a un dulce estado de sonambulismo, precursor de la muerte:

> Pero amar es también cerrar los ojos,
> dejar que el sueño invada nuestro cuerpo
> como un río de olvido y de tinieblas,
> y navegar sin rumbo, a la deriva:
> porque amar es, al fin, una indolencia.

En este "río de olvido y de tinieblas" va navegando ahora el poeta, familiarizado ya con lo que tan a menudo presintió, abrazado al cuerpo frío de la muerte, por un mundo de calcio, un helado país en que sólo florece "la rosa del humo, la rosa de ceniza."

Obras poéticas de Villaurrutia

Reflejos, México, 1926.
Nocturnos, México, 1933.
Nostalgia de la Muerte, Buenos Aires, 1938.
Décima Muerte, México, 1941.
Canto a la Primavera y otros poemas, México, 1949.

ÍNDICE

I. Teatro indígena de México 7
II. Tres dramaturgos mexicanos del período colonial (Eslava, Alarcón, Sor Juana) 26
III. El *Apologético* en favor de don Luis de Góngora 57
IV. Las teorías poéticas de Poe y el caso de José Asunción Silva 65
V. *Los raros* 75
VI. Categorías literarias 87
VII. De la novela en América 108
VIII. *Don Segundo Sombra* 113
IX. Evasión y retorno 121
X. La evolución social y la novela en México 128
XI. El humorismo en la literatura hispanoamericana .. 150
XII. José Santos Chocano 172
XIII. Consideraciones acerca del pensamiento hispanoamericano 181
XIV. Apuntes sobre el estilo y el carácter de Manuel González Prada 189
XV. Ricardo Jaimes Freyre 193
XVI. Xavier Villaurrutia 204

Este libro se acabó de imprimir el día 4 de septiembre de 1953, en los talleres de Gráfica Panamericana, S. de R. L., Nicolás San Juan y Parroquia, México, D. F. Se tiraron 2,000 ejemplares, y en su composición se utilizaron tipos Janson de 11:12, 10:11 y 8:9 puntos. La edición estuvo al cuidado de *Julián Calvo*.

www.ingramcontent.com/pod-product-compliance
Lightning Source LLC
Chambersburg PA
CBHW021707230426
43668CB00008B/756